图书在版编目（CIP）数据

基础会计学习题集／石本仁，谭小平主编．—广州：暨南大学出版社，2011.4
ISBN 978－7－81135－621－2

Ⅰ.①基… Ⅱ.①石… ②谭… Ⅲ.①会计学—高等学校—习题 Ⅳ.①F230－44

中国版本图书馆 CIP 数据核字（2010）第 165818 号

出版发行：暨南大学出版社

地　址：中国广州暨南大学
电　话：总编室（8620）85221601
营销部（8620）85225284　85228291　85228292（邮购）
传　真：（8620）85221583（办公室）　85223774（营销部）
邮　编：510630
网　址：http：//www. jnupress. com　http：//press. jnu. edu. cn

排　版：暨南大学出版社照排中心
印　刷：广州桐鑫印刷有限公司

开　本：787mm × 1092mm　1/16
印　张：10. 75
字　数：263 千
版　次：2011 年 4 月第 1 版
印　次：2011 年 4 月第 1 次
印　数：1—3000 册

定　价：22. 50 元

目 录

Contents

第一章 会计的性质与目的 ……………………………………………… (1)
练习题 ……………………………………………… (2)
案例分析 ……………………………………………… (3)

第二章 账户与复式记账 ……………………………………………… (5)
思考题 ……………………………………………… (6)
练习题 ……………………………………………… (9)
案例分析 ……………………………………………… (12)

第三章 会计循环（一） ……………………………………………… (14)
思考题 ……………………………………………… (15)
练习题 ……………………………………………… (16)
案例分析 ……………………………………………… (19)

第四章 会计循环（二） ……………………………………………… (20)
思考题 ……………………………………………… (21)
练习题 ……………………………………………… (22)
案例分析 ……………………………………………… (25)

第五章 收入、货币资金和应收款项 ……………………………………………… (27)
思考题 ……………………………………………… (28)
练习题 ……………………………………………… (30)
案例分析 ……………………………………………… (32)

Contents

第六章 生产成本、销售成本与存货……（33）
思考题……（34）
练习题……（35）
案例分析……（36）

第七章 长期资产及投资……（39）
思考题……（41）
练习题……（43）
案例分析……（45）

第八章 负　债……（47）
思考题……（47）
练习题……（49）
案例分析……（50）

第九章 流转税与所得税……（52）
思考题……（54）
练习题……（55）
案例分析……（56）

第十章 所有者权益……（58）
思考题……（60）
练习题……（61）
案例分析……（62）

Contents

第十一章 财务报表 …………………………………………………………………………………………(66)
思考题 ……………………………………………………………………………………………………(68)
练习题 ……………………………………………………………………………………………………(69)
案例分析 …………………………………………………………………………………………………(71)

第十二章 经营环境与管理会计 ……………………………………………………………………………(77)
思考题 ……………………………………………………………………………………………………(78)
案例分析 …………………………………………………………………………………………………(79)

第十三章 审计与内部控制 …………………………………………………………………………………(81)
思考题 ……………………………………………………………………………………………………(84)
练习题 ……………………………………………………………………………………………………(86)
案例分析 …………………………………………………………………………………………………(90)

参考答案 ……………………………………………………………………………………………………(94)

第一章 会计的性质与目的

本章结构

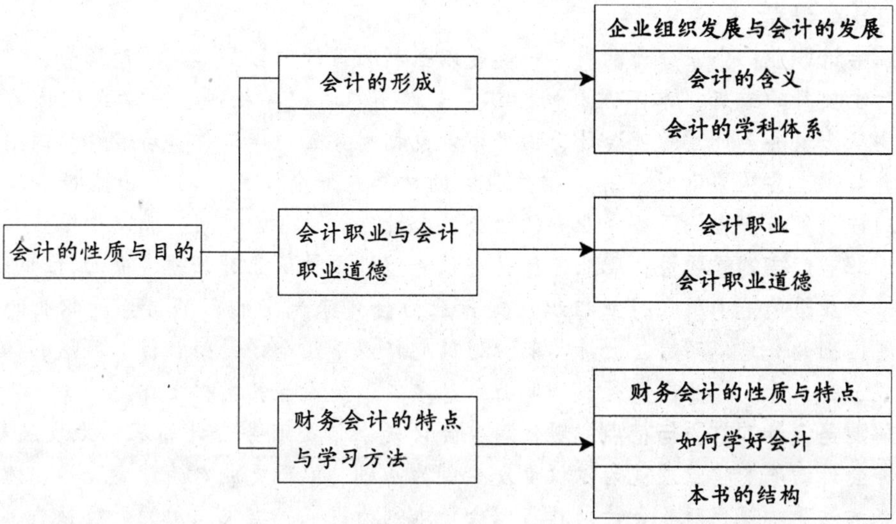

本章概念

企业组织　会计　传统会计　现代会计　决策有用性　受托责任　信息系统　财务会计　控制系统　管理会计　企业会计　会计人员　内部审计　审计　政府及非盈利组织会计　公共会计　注册会计师　职业道德　职业判断能力　终身学习能力

本章小结

了解现代会计与经济发展的关系：会计和企业组织的发展划分为三个阶段：第一阶段，以自给自足、家庭经济为主的生产组织形式所对应的简单刻记和单式簿记的会计，这一时期的会计并不是真正意义上的会计，它同统计、算术是混合在一起的，还没有完全独立出来自成一体。第二阶段，与独资、合伙和在萌芽状态及发展时期的股份制企业对应的复式簿记和传统会计，这时的会计有了自己独特的记录计量方法和计量体系。第三阶段，现代会计的形成时期，它是在现代股份公司发展成熟后而逐步形成的。除了具备传统会计的一些基本特点外，现代会计实现了以对外提供财务报告为主的现代财务会计和以企业内部经济决策为主的现代管理会计的分离，以公认会计准则为会计核算的基本规则，对外财务报告必须经过严格的独立审计，企业内部设立了越来越严格和科学的内部审计和控制制度等。

认识会计的实质：会计是一个信息控制系统，它的基本职能主要表现在两个方面，一是它的反映和评价的职能，这一职能主要由财务会计和审计来完成；二是它的监督和控制职能，这一职能主要由管理会计和内部审计来完成。因此，我们要认识会计必须从一个更全面的角度来进行，会计既不是单一的财务会计，也不是单一的管理会计，它是由财务会计、管理会计、审计和内部审计共同组成的一个集合体。

掌握会计学科的结构：财务会计（初、中、高三个层次）、管理会计（含成本会计）、审计学、内部审计、财务学（初、中或高三个层次）以及计算机会计和审计等组成会计专业的基本专业核心课程。另外，经济学、管理学、税收、法律、商业环境等也是学习会计必不可少的课程。

了解会计职业：企业分为两类，一类是以盈利为目的的，如工厂、商店等；一类是不以盈利为主要目的或者根本不盈利的组织，如政府机关、学校等。前者我们称为企业会计，主要从事财务会计、管理会计、内部审计包括财务管理等工作。后者称为政府及非盈利组织会计，主要从事财政预算，相关业务的核算，资金使用、控制和监督等工作。另外，专门提供鉴证和咨询服务等业务的为公共会计。

认识职业道德的重要性：职业道德是会计和审计人员从业时必须遵循的行为准则。一般而言，职业道德是由所在行业组织（如行业协会）来制定的，不同会计职业的职业道德是有所区别的。总体而言，会计的职业道德包括以下几个方面：胜任、廉洁、保密、独立、客观、公正等。职业道德是我们职业立身之本，是人生的幸福之源。

了解财务会计的性质与特点：现代财务会计是在传统财务会计的基础上发展起来的。传统财务会计的基本特点表现为以权责发生制为基础、以历史成本为计量属性、以复式簿记为记账方法等。现代财务会计则具有以会计准则为规范、提供通用的财务报告、经过严格的审计、财务报告披露的范围不断扩大等特点。同时，还具有以货币形式反映企业已发生的、整体的财务状况、经营成果、权益变动状况和现金流量方面信息等特点。

明确如何才能学好财务会计：我们处在一个全球一体化、竞争激烈、变化频繁的知识经济时代，不确定性和变动性是这个时代最大的特点，学好财务会计，要求我们从培养动手能力、职业判断能力、终生学习能力和树立基本的职业道德观念来入手。

练习题

1. 结合你所学的历史，谈谈你对影响一个国家成为强国的主要因素的看法。
2. 为何会计的重心是为企业服务的？
3. 如何理解会计是一个发展的概念？
4. 简要归纳会计学科的核心课程及其相互之间的关系。
5. 会计信息的使用者有哪些，他们需要这些信息的用途是什么？
6. 以你自己的生活为例，举出与会计有关的一些事情。
7. 进入本章学习前，你对会计是如何理解的，学完本章后，这种理解发生了哪些变化？
8. 你准备怎样学好财务会计，会有意识地去设计一下学习方法吗？

9. 你是如何认识职业、会计职业和会计职业道德的，你觉得职业道德很重要吗?

10. 你是如何选择会计专业的，是家庭的选择还是你自己主动选择的，你对这个职业感兴趣吗？是哪些因素最终导致你选择会计这个专业，你对进入这个职业做好准备了吗?

11. 请上网搜索我国目前的会计人员和审计人员（注册会计师）的人数。

案例分析

小张是会计系一年级的新生，学习了一个学期后，假期乘火车回家和家人团聚过春节。

小张是家里的独生子。年初二，爸爸、妈妈、爷爷、奶奶、外公、外婆、姨夫、姨妈和表妹，大家在一起天南地北，七嘴八舌，拉着家常。话题突然转到小张的身上，大家对小张的学校生活情况，特别是学习情况（尤其是专业情况）询问了很多。虽然专业课还没有开设，但入学第一周系主任曾对专业作过一个系统的介绍，加上和师兄、师姐的接触，以及自己看了一些相关书籍、听了一些讲座，小张根据自己的理解作了一些回答。有些问题实在回答不了的，答应以后来解释。

以下是他（她）们的对话：

“你在学校都要学哪些课程？要学的东西多吧?”

小张：“我们的课程主要分公共基础课、学科基础课、专业基础课、专业必修课、专业选修课和公共选修课。现在学校采取学分制，四年内必须修满规定的学分才能毕业。”

“会计专业是干什么的，不就是算算账吗？还用学四年，两年就足够了。”说这话的是小张的表妹。

小张：“我原来也这么想，入学第一周系主任进行专业介绍后，对我触动很大。原来会计在市场经济中有很高的地位，在经济发达国家，会计师、律师和建筑师是很受社会尊重的职业，收入也不低，竞争非常激烈。现在我国沿海和经济发展好的地区，会计岗位的收入都很好，进我们学校会计系的学生都是高考中的佼佼者。”

“我一直弄不清楚会计师、注册会计师、高级会计师、审计师、会计员的区别，听说做会计还要考上岗证。”

小张：“这些区别我现在也不是太清楚。我们大学会计本科专业毕业，好像不用再考证。”

姨夫是一家上市公司的中层管理者，他问小张：“我们公司每年都请国内的会计师事务所进行审计，听说外资公司或在香港上市的大公司都请国外的四大会计公司进行审计，事务所和会计公司一样吗?”

小张：“事务所是合伙企业，负无限责任，规模要小些。会计公司是公司制，负有限责任，所以四大会计公司的规模都很大，像普华永道、毕马威。”

“我以前看一篇报道，说一家公司的老总挪用公司资金，后来连财务经理也被抓了。做财务是不是风险很大?”

小张：“是这样的，会计既算账又管财，特别是现金和银行存款，如果不加强自身法律知识和道德修养，是比较容易出问题的，所以我们的专业课中有很多法律课程和专门的会计职业道德课程。这也是系主任在专业介绍中重点强调了的。”

“现在很多英文的缩写，我们看不懂，什么 CPA、CEO、CFO、CTO、COO、WTO……太多了。”

小张：“CPA 就是注册会计师，CEO 是总经理，CFO 是财务经理，WTO 是世界贸易组织，其他我就不太清楚了。”

“经常听说考 CPA，我们一个同事的女儿在大学是学历史的，也考 CPA，考 CPA 有什么用?”

小张：“在会计师事务所工作，就必须通过 CPA 的考试。”

“但很多人并不在会计师事务所工作，为什么也去考？据说通过这个考试是很难的。”

小张：“这个问题我现在回答不了。我的很多师兄、师姐在毕业前都去参加 CPA 的考试，一次全部（五科：会计、审计、财务管理、税法、经济法）通过的很少。”

“你会参加这个考试吗?”

小张：“听我们系主任讲，如果计划念硕士研究生或者博士研究生，今后从事研究工作，就没有必要考。我现在还没想好做什么。”

“你总说会计很重要，会计除了算算账，还能干什么?”表妹不依不饶。

小张一时语塞，这还真是一句话回答不了的问题。

“算了，你这丫头，让你哥休息一会，我们马上吃饭了。”奶奶给小张打了个圆场。

问题：

1. 上述案例中，小张的回答准确吗？如果不准确，正确的说法是什么？
2. 对小张没有回答的问题请试着给出一个答案。

第二章　账户与复式记账

本章结构

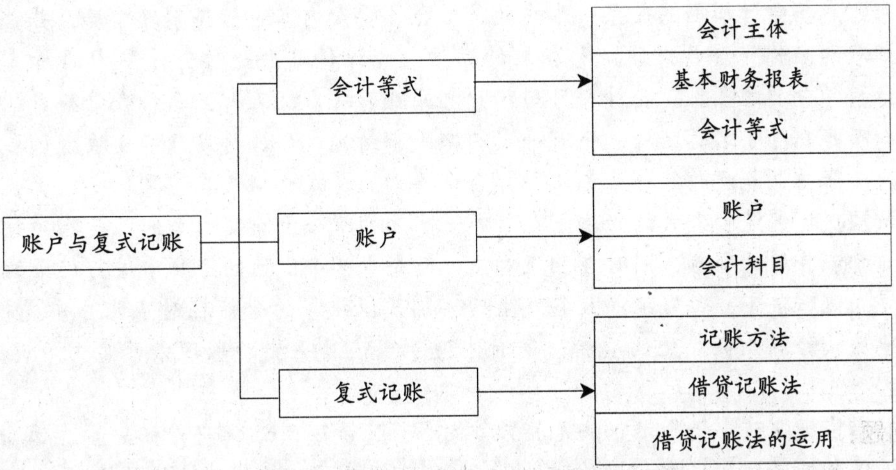

本章概念

会计主体　资产负债表　利润表　资产　负债　所有者权益　收入　费用　利润　会计等式　货币计量　经济业务　账户　会计科目　总分类账户　本期发生额　期初余额　期末余额　单式记账法　复式记账法　借贷记账法　记账规则　试算平衡

本章小结

理解会计主体：会计主体是指会计服务的特定经济实体，它为会计人员对经济活动进行会计确认、计量和记录以及编制财务报表等会计工作界定了空间范围。会计主体可以是一个企业、一个行政事业单位、一个组织，也可以是一个企业或一个单位的特定组成部分（如分支机构、责任中心等），还可以是由多个企业形成的企业集团。对会计主体的界定要遵循经济实质重于法律形式的原则。会计主体是个独立的经济实体但不同于法律主体。

理解基本财务报表及其构成：一个会计主体最基本的财务报表是资产负债表和利润表。资产负债表是反映会计主体在某一特定时日的财务状况，也就是其资产、负债和所有者权益状况的报表，其主要内容框架由反映财务状况的组成要素——资产、负债和所有者权益所构成。利润表是总括反映企业在一定期间经营成果的财务报表，由反映企业经营成果的要素——收入、费用和利润所构成。

掌握会计等式：会计等式是指表明各会计要素之间基本关系的恒等式，即“资产＝

负债 + 所有者权益”。在任何时点，发生任何经济业务后，会计等式仍成立。会计等式的另外两种形式是：“资产 = 负债 + 所有者权益 + （收入 − 费用）”和“所有者权益 = 资产 − 负债”。

理解货币计量：货币计量是指会计主体在进行会计核算时，以货币作为计量经济业务活动的最好单位。尽管会计所提供的信息或数据不只限于以货币单位计量，但现有以财务报表为主体的财务报告体系主要包括以货币计量的财务信息。货币计量假设有两个含义：一是假设在诸多计量单位中，货币是计量会计主体经济业务活动及经营结果的最佳单位；二是货币的单位价值是不变的。

掌握账户与会计科目的关系：账户就是对会计要素内容进行科学的分类，并给每一类都赋予标准的名称（会计科目）和相应的结构。会计科目则是对会计要素的具体内容进一步进行科学分类的项目。会计科目与账户之间既有联系，又有区别。会计科目就是账户的名称，而账户除了名称之外，还有一定的格式和结构；会计科目只能反映会计要素的具体内容，而账户还能反映经济业务所引起会计要素的增减变动及其结果。

理解复式记账法：复式记账法是在单式记账法的基础上演变出来的，是指对每一项经济业务，都以相等的金额，同时在相互对应的两个或两个以上的账户中进行记录的记账方法。在复式记账法下，每笔经济业务发生后，都是以相等的金额在对应账户中进行记录，能系统地反映经济业务变化的全貌，同时，便于用试算平衡的原理来检查账户记录的正确性。

掌握借贷记账法：借贷记账法是指以“借”、“贷”为记账符号的一种复式记账法，是目前世界各国通用的一种记账方法。在借贷记账法下，资产、费用的增加记借方，资产、费用的减少记贷方；负债、所有者权益、收入和利润的增加记贷方，负债、所有者权益、收入和利润的减少记借方。借贷记账法的记账规则是“有借必有贷，借贷必相等”。

思考题

一、多选题

1. 会计主体与法律主体存在以下几种关系（　　）。

A. 既是会计主体，又是法律主体　　B. 是法律主体，不是会计主体

C. 是会计主体，不是法律主体　　D. 几个法律主体，一个会计主体

2. 会计信息使用者包括（　　）。

A. 投资者　　B. 债权人　　C. 政府　　D. 企业自身

3. 具有以下特征的资产可归为流动资产（　　）。

A. 预计在一个正常营业周期中变现、出售或耗用

B. 主要为交易目的而持有

C. 预计在资产表日起 1 年内（含 1 年）变现

D. 使用流动资金购买

4. 所有者权益包括（　　）。

A. 投资者投入资本　　B. 直接计入所有者权益的利益或损失

C. 盈余公积　　D. 未分配利润

5. 期间费用包括（　　）。

A. 管理费用　　B. 制造费用

C. 财务费用　　D. 公允价值变动损益

6. 经济业务对会计等式的影响存在以下几种情况（　　）。

A. 资产与权益同时增加　　B. 资产与权益同时减少

C. 所有者权益与负债同时增减　　D. 资产之间有增有减

7. 各类账户增减变化的特点有（　　）。

A. 资产的借方与费用的借方表示增加

B. 负债、所有者权益、收入和利润的减少在借方

C. 资产、费用的期末余额在借方

D. 负债、所有者权益、未分配利润的期末余额在贷方

8. 试算平衡主要体现在以下几类平衡关系（　　）。

A. 所有资产的借方余额等于所有资产的贷方余额

B. 所有账户的本期借方发生额等于本期贷方发生额

C. 所有账户的期初借方发生额等于期初贷方发生额

D. 所有账户的期末借方发生额等于期末贷方发生额

二、判断题

1. 企业既是一个经济主体，也是一个法律主体。(　　)

2. 财务报表反映的是一个企业某个时点的财务状况和现金流量，以及某个时期的经营成果。(　　)

3. 资产是指企业过去的交易或事项形成的，由企业拥有并控制的，预期会给企业带来经济利益的经济资源。(　　)

4. 所有者权益又称剩余权益，企业在取得利润后，先支付债务人的利息，剩余为投资者所有，全部以利润分配形式分配给投资者。(　　)

5. 收入既可表现为所有者权益的增加和资产的增加，也可表现为负债的减少和所有者权益的增加。(　　)

6. 成本是对象化的费用，不能对象化的费用为期间费用。(　　)

7. 资产负债表和利润表的联系纽带为未分配利润。(　　)

8. 总分类账户是根据一级会计科目设置的基本账户，它的余额与所属明细分类账的余额总数相等，但方向可能不一致。(　　)

9. 坏账准备属应收账款的抵消科目，属于负债类科目。(　　)

10. 借贷记账法中“借”、“贷”是一种记账符号，“借”表示增加，“贷”表示减少，资产的余额在借方，负债与所有者权益的余额在贷方。(　　)

三、连线题

1.

	应收票据
流动资产	应收账款
	固定资产
非流动资产	存货
	递延所得税资产

2.

	预付账款
资产	固定资产清理
	预收账款
负债	应收账款
	未分配利润
所有者权益	短期借款
	应付职工薪酬

3.

	生产成本
成本	制造费用
	主营业务成本
费用	财务费用
	营业外支出

4.

	用现金购买设备
资产、负债同时增加	向银行借款
资产内部有增有减	赊购商品
资产、负债同时减少	支付已宣布发放的股利
	用现金购买股票

5.

	应付债券
流动负债	短期借款
	预计负债
非流动负债	应付股利
	预收款项

四、简答题

1. 简述会计主体与法律主体之间的关系。
2. 什么是会计要素，会计要素的种类主要有哪些以及各要素之间的相互关系是什么？
3. 负债与所有者权益的主要区别是什么？
4. 何谓复式记账，其主要特点是什么？

5. 简述账户的作用、结构与特点。

6. 会计科目的作用是什么，主要有哪几类会计科目？

练习题

一、（会计等式）南方公司2007年12月31日和2008年12月31日两个时点的资产与负债如下：

单位：元

	2007年12月31日	2008年12月31日
资产	500 000 000	650 000 000
负债	200 000 000	250 000 000

请问下列各种情况下，2008年南方公司的净利润是多少？

1. 假如投资者在2008年未追加投资或抽回投资。
2. 假如投资者在2008年未追加投资或抽回投资，年末已分配利润20 000 000元。
3. 假如投资者在2008年追加投资50 000 000元。
4. 假如投资者在2008年抽回投资10 000 000元。

二、（会计等式）南方旅业2008年1月发生下列经济业务：

1. 投资人投入500 000元存入银行。
2. 租入一建筑物，为期三年，预付一年的租金50 000元。
3. 用银行存款购买办公用品2 000元。
4. 提取5 000元的银行存款备用。
5. 购买20 000元的办公设备，款未付。
6. 本月服务收入收到现金20 000元，另外2 000元未收。
7. 支付本月水电费2 000元。
8. 本月总计购入并消耗原料10 000元，全部以现金支付。
9. 登记本月应付工资3 000元。
10. 以转账方式支付员工工资。

根据上述经济业务，在会计等式两边填入增减符号和相应的金额，并核对等式两边是否相等（见下表）。

单位：元

业务	资产	=	负债	+	所有者权益+（收入－成本或费用）
业务1	+500 000				+500 000
业务2					
业务3					

（续上表）

业务	资产 = 负债 + 所有者权益 +（收入 - 成本或费用）
业务4	
业务5	
业务6	
业务7	
业务8	
业务9	
业务10	
合计	

三、（账户结构）南方公司2008年各账户有关资料如下：

单位：元

账户名称	期初余额	本期借方发生额	本期贷方发生额	期末余额
银行存款	20 000	14 500	13 600	
应收账款		5 600	23 000	14 580
预收账款	50 000		8 456	30 000
长期借款	100 000	50 000	25 000	
原材料	54 360	60 000		45 630
库存商品	65 320		54 630	27 800
应付账款		89 000	120 000	65 000
预付账款	30 000	0	17 800	
应交税费	54 000	56 000	62 000	
实收资本	800 000	0		950 000
资本公积	120 000		120 000	240 000

要求：根据上表中各类账户结构的关系，计算并填列表中的空格。

四、（会计科目）南方公司2008年3月发生如下经济业务并登记相应的会计科目（账户）：

单位：元

业务	银行存款	原材料	预付账款	固定资产	=	短期借款	应付账款	实收资本	主营业务收入	主营业务成本
业务1	+100 000							+100 000		
业务2	-50 000			+50 000						

（续上表）

业务	银行存款	+原材料	+预付账款	+固定资产	=短期借款	+应付账款	+实收资本	+主营业务收入	−主营业务成本
业务3	−10 000	+45 000				+35 000			
业务4	−25 000		+25 000						
业务5	+60 000				+60 000				
业务6	−35 000					−35 000			
业务7	−40 000						−40 000		
业务8	+40 000							+40 000	
业务9		+25 000	−25 000						
业务10		−28 000							+28 000

要求：根据上述资料说明南方公司发生的经济业务。

五、（借贷记账法）南方汽车修理公司2008年初各账户余额如下：

单位：元

资产类		负债和所有者权益类	
现金	4 800	负债类	
银行存款	65 000	短期借款	50 000
应收账款	28 000	应付账款	25 000
预付账款	25 000	预收账款	10 000
原材料	50 000	应交税费	3 500
固定资产	100 000	应付职工薪酬	4 300
		所有者权益类	
		实收资本	180 000
合计	272 800	合计	272 800

2008年1月，南方汽车修理公司发生如下经济业务：

1. 投资者又投入100 000元，款已存入银行。
2. 购入原材料一批48 000元，款已转账。
3. 上期预付货款25 000元，对方企业已发出的材料15 000元验收入库。
4. 本期购买一台新修理设备85 000元，其中35 000元货款未付。
5. 支付工人工资4 300元，直接转入工人工资账户。
6. 用存款上交应交税金3 500元。
7. 本月发生修理收入20 000元，其中5 000元未收，其余收到现金。
8. 将现金10 000元存入银行。
9. 本月共领用修理材料8 000元。
10. 支付本月水电费2 000元。
11. 归还上期应付款25 000元。

要求：

1. 设置账户，将上述经济业务登入相应的账户。
2. 根据各账户的期初余额，计算其本期发生额和期末余额。
3. 编制试算平衡表。

案例分析

兴海公司为一家汽车修理公司，2008 年 8 月份公司会计老张因事请假一个月，本月所有业务的账务处理均由实习员小明负责。月末老张回来上班后对小明所做的账务处理进行检查，其中有 15 笔业务的处理情况如下：

序号	业务摘要	账户名称	借方	贷方
1	因天气太热，所有者又投入空调两台，每台价值 3 000 元	固定资产	6 000	
		实收资本		6 000
2	购买汽车修理用原材料 5 000 元，已支付 2 000 元，其余货款未付	原材料	5 000	
		银行存款		2 000
3	预收到客户 A 一笔修理收入 8 000 元	预收账款	8 000	
		主营业务收入		8 000
4	因公司周转资金不够，所有者又投入 20 000 元	银行存款	20 000	
		长期借款		20 000
5	偿还上月所欠货款 2 000 元	应付账款	2 000	
		银行存款		2 000
6	取得 10 年期借款 50 000 元	银行存款	50 000	
		实收资本		50 000
7	签发票据偿还到期货款 3 000 元	应付票据	3 000	
		应付账款		3 000
8	向供应商预付 10 000 元以购买修理用原材料	银行存款	10 000	
		预付账款		10 000
9	偿还期限为半年的到期借款 3 000 元	长期借款	3 000	
		银行存款		3 000
10	向股东宣布并发放上半年股利 8 000 元	应付职工薪酬	8 000	
		银行存款		8 000
11	为已预付了修理费的客户 A 提供修理服务，共获得修理收入 8 000 元	主营业务收入	8 000	
		预收账款		8 000

（续上表）

序号	业务摘要	账户名称	借方	贷方
12	获得汽车修理收入 30 000 元，20 000 元已转账到银行，其余未付	银行存款	20 000	
		主营业务收入		30 000
13	为修理汽车领用的原材料为 18 000 元	原材料	18 000	
		主营业务成本	18 000	
14	转账支付本月水电费共 680 元	管理费用	680	
		银行存款		680
15	通过银行转账支付修理人员工资 3 000 元	主营业务成本	3 000	
		银行存款		3 000

问题：

1. 小明对这 15 笔业务的账务处理哪些正确，哪些不正确？并将不正确的加以改正。
2. 小明对哪几笔业务的处理会导致试算平衡表不平衡？

第三章　会计循环（一）

本章结构

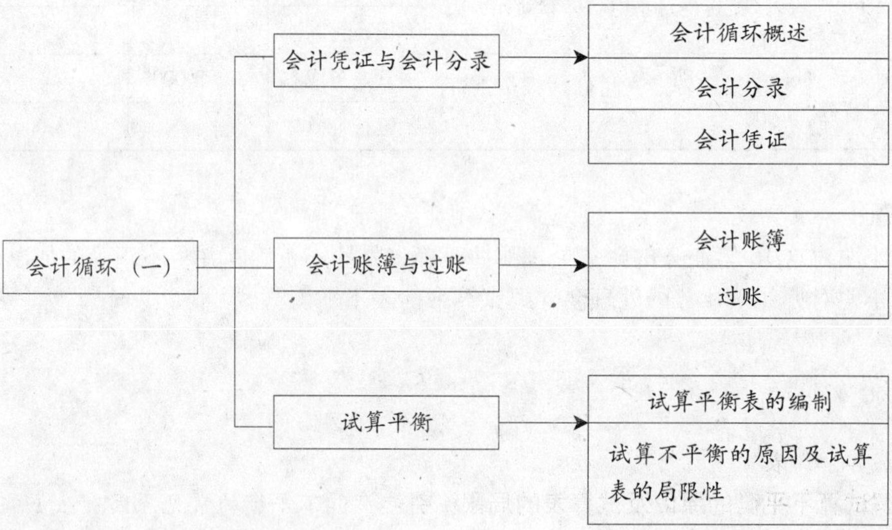

本章概念

会计循环　会计分录　简单会计分录　复合会计分录　会计凭证　原始凭证　记账凭证　会计账簿　日记账　普通日记账　特种日记账　分类账　总分类账　明细分类账　过账　划线更正法　红字更正法　补充登记法　试算平衡　试算平衡表

本章小结

理解会计循环：所谓会计循环，是指企业在一个会计期间所需要经历的会计工作环节，一般包括编审原始凭证、编制分录、记账、试算、调整、结账和编制财务报表等一系列程序。由于这些程序和方法在每一会计期间循环往复、周而复始，故被称为会计循环。

掌握会计分录的编制：会计分录，就是标明某项经济业务的应借应贷账户及其金额的一种记录。会计分录分为简单分录和复合分录。简单分录只有一借一贷的对应关系，即借方和贷方各只有一个账户；复合分录有一借多贷、一贷多借或多借多贷的对应关系。在实际会计工作中，会计分录就写在记账凭证上。

掌握原始凭证与记账凭证的编制：原始凭证是在经济业务发生或完成时取得或填制的，用来证明交易或事项的发生、明确经济责任，并作为记账依据的最初书面证明文件，是会计核算的重要依据。在原始凭证经审核合格后即可编制记账凭证。记账凭证是会计人员根据审核无误的原始凭证编制的、用来确定会计分录、作为记账直接依据的会计凭证。

掌握账簿的设置与登记：会计账簿是由一定格式、相互联结的账页组成的，以会计凭证为依据，全面、系统、连续地记录各项交易或事项的簿籍。会计账簿按其用途，可分为序时账簿、分类账簿和备查账簿。日记账又可分为普通日记账和特种日记账。如果某一个企业根据记账的需要，为某一类经济业务设置了专门的日记账，这种日记账称为特种日记账，与此同时，还需要设置一本用来登记特种日记账所容纳不了的其他经济业务的日记账，即普通日记账。总分类账是对企业的经济业务进行概括的反映，一般只提供较总括的金额指标，常见的总分类账有两栏式和三栏式两种。明细分类账则是总分类账簿的必要补充，它所提供的信息对日常的经营管理非常重要。其格式通常有三栏式、数量金额式和多栏式三种。企业在会计核算中，除了设置总分类账外，还要设置相应的明细分类账，并采用平行登记法来登记总分类账和明细分类账。

掌握过账和错账的更正方法：过账就是将会计凭证上每一笔会计分录的借项和贷项记录分别转记到分类账的各有关账户中去。记账后若发现错误，则应根据不同的情况分别采用划线更正法、红字更正法和补充登记法予以更正。

掌握试算平衡表的编制：所谓试算平衡，就是在期末对所有账户的发生额和（或）余额进行加总，以确定借贷是否相等，检查记账、过账过程中是否存在差错的一种方法。在实际会计工作中，试算平衡是通过编制试算平衡表来完成的。在检查、确定本期所有会计分录都已正确过账后，计算出所有账户的期末余额，然后，将各分类账户的期末余额分别记入试算平衡表的借方和贷方栏即可编制出试算平衡表。

了解试算不平衡的原因及试算表的局限：引起试算不平衡的常见原因有：①编制试算表时出错；②计算账户余额时出错；③过账过程中出错；④会计分录出错。当试算不平衡时，可肯定的是会计循环的某一步骤必定有错，然而，试算平衡并不一定说明不存在错误。这是因为试算平衡只能说明借方贷方的金额相等，即只能查出借贷不相等的错误。而实际工作中有些错误并不影响借、贷方账户的平衡关系，像这一类的错误采用试算平衡这一方法是无法检查出来的，即试算表有其局限性。

思考题

一、多选题

1. 以下工作属于会计循环程序之一的有（　　）。

A. 编制与审核原始凭证　　B. 调整与结账

C. 编制与审核会计凭证　　D. 财务报告审计

2. 按所登记经济业务对应关系，会计分录可分为（　　）。

A. 简单分录　　B. 复合分录　　C. 结账分录　　D. 调整分录

3. 按照用途分，账簿可分为（　　）。

A. 序时账簿　　B. 银行日记账　　C. 分类账簿　　D. 备查账簿

4. 下列属于自制原始凭证的有（　　）。

A. 销货发票　　B. 购货发票　　C. 材料入库单　　D. 工资表

5. 下列哪些属于原始凭证填列必须具备的项目（　　）。

A. 原始凭证的名称　　B. 填制原始凭证的日期与编号

C. 接受原始凭证单位的签章　　D. 经济业务的主要内容

6. 试算平衡表平衡后，仍然会出现错误的主要原因有（　　）。

A. 漏记某项经济业务

B. 重复登记某项经济业务

C. 将一笔经济业务借贷方向相反登记

D. 将某一分类账的余额过入另一账户

、判断题

1. 收据是发票的一种，是登记经济业务会计分录的原始凭证。(　　)

2. 原始凭证的审核主要是指对所登记的金额、计算结果及其他必要的项目进行审查和核对。(　　)

3. 总账是根据报表项目来开设的，是编制会计报表的主要依据。(　　)

4. 记账也称“过账”，就是将记账凭证上的每一笔分录的借项和贷项金额转登到相应的账户中去。(　　)

5. 红字更正法主要适用于账簿登记中出现的记账错误，采用这种方法时，先冲销错误登记，再用蓝字登记正确的会计处理。(　　)

6. 任何分录必定是借记账户的左边，同时贷记账户的右边，其借贷差额称为账户余额。(　　)

三、简答题

1. 简述会计循环的基本流程。

2. 什么是会计分录，为何经济业务发生时不直接登入相应的账簿?

3. 记账凭证分为哪几类，每类凭证的作用如何?

4. 简述账簿按用途分类，并说明总分类账和明细分类账的设置原则和登记原则。

5. 如何发现错账?指出错账更正的方法及适用情况。

练习题

一、(登记会计分录) 南方商贸公司 2008 年 1 月发生如下经济业务:

1. 开设银行账户，接受投资者投入资金 500 000 元。

2. 签订房屋租赁协议，租赁一临街门面房，作为经营场地，支付一年的租金 60 000 元。

3. 办理企业工商登记、税务登记及验资等手续，支付银行存款 1 500 元。

4. 购买经营与办公所需设备，计 28 500 元。

5. 从银行提取现金 2 000 元，以备日常所需。

6. 购买办公所需日常用品 450 元，以现金支付。

7. 购买各类商品 100 000 元，其中 65 000 元已经转账，余款尚未支付。

8. 本月销售各类商品 80 000 元，收入现金 50 000 元，其余款项下月收回，收入现金已存入银行。

9. 登记本月应支付的工资费用 3 500 元。

10. 以银行存款支付本月应付工资。

11. 支付本月保险费用 1 000 元。

12. 支付本月水电费 1 580 元。

要求：根据上述资料，登记会计分录。

二、（编制会计分录）南方商贸公司 2008 年 1 月末各分类账的余额如下：

单位：元

账户名称	借方金额	贷方金额
现金	1 550	
银行存款	386 920	
应收账款	30 000	
库存商品	50 000	
待摊费用	60 000	
固定资产	28 500	
应付账款		35 000
实收资产		500 000
未分配利润		21 970
合计	556 970	556 970

1. 向银行借入一笔两年期归还的贷款 200 000 元。

2. 购买一库房作为仓库使用，首付 450 000 元已通过银行转账，另外 450 000 元分 5 年还清。

3. 本月购买各类商品 200 000 元，其中 100 000 元以银行存款支付，余款暂欠。

4. 借入一笔短期借款 50 000 元，其中 35 000 元用于支付上月所欠货款。

5. 采购部员工李林出差，预借差旅费，出纳开出一张 2 000 元的现金支票。

6. 购入 3 台收款机共计 15 000 元，以转账支票付款。

7. 富星公司订购某型号打印机 5 台，商店暂无此型号打印机，预收 4 500 元现金。

8. 本月共销售各类商品 250 000 元，其中 50 000 元货款预计下月收回。

9. 收回上月货款 25 000 元。

10. 李林出差归来，报销差旅费 2 580 元，余款以现金补齐。

11. 以现金支付本月零星办公费用 480 元。

12. 本月销售商品成本为180 000元。

13. 登记本月应支付的工资费用5 000元，其中销售人员工资2 000元。

14. 支付本月应付工资4 500元。

15. 支付本月保险、水电费3 120元。

要求：根据上述经济业务编制会计分录。

三、（记账与试算平衡）根据上题提供的资料，要求：

1. 开设T形账户，将会计分录过入各相应账户并计算各账户的本期发生额和实账户的期末余额。

2. 编制试算平衡表。

四、（账户分析）海民公司2008年下列各账户的余额为：银行存款为58 000元（期初）、应收账款为42 000元（期初）和80 000元（期末）、应付账款为25 000元（期初）和18 000元（期末）。本年海民公司发生销售收入100 000元（全部为赊销），营业费用70 000元（全部为赊购），另外，以银行存款支付管理费用15 000元。本年应收账款和应付账款的减少均与银行存款账户变动相关。

要求：

1. 计算该公司当年的净利润。

2. 当年银行存款增减变动额和年底银行存款余额是多少？

3. 请回答为何当年净利润与当年银行存款增减变动金额不一致。

五、（错账更正）某公司2008年6月在审核记账凭证时，发现以下错误：

（1）赊购办公设备1 800元，记账凭证误记为：

借：周转材料　　1 800

　贷：应付账款　　1 800

（2）收回应收账款980元存入银行，记账凭证误记为：

借：银行存款　　890

　贷：应收账款　　890

（3）以现金支付销售人员差旅费570元，记账凭证误记为：

借：管理费用　　570

　贷：现金　　570

（4）销售商品2 000元，款已存入银行，记账凭证误记为：

借：应收账款　　2 000

　贷：主营业务收入　　2 000

（5）本月商品盘点发现短缺500元，记账凭证误记为：

借：主营业务成本　　500

　贷：库存商品　　500

原试算表如下：

××公司试算表

2008 年 6 月　　　　单位：元

会计科目	借方	贷方
现金	800	
银行存款	9 910	
应收账款	5 090	
库存商品	32 920	
周转材料	6 800	
固定资产	64 780	
应付账款		8 500
应付职工薪酬		5 300
实收资本		105 000
主营业务收入		32 400
主营业务成本	23 000	
销售费用	0	
管理费用	4 900	
合计	151 200	151 200

要求：

1. 用适当的方法进行更正。
2. 编制正确的试算表。

案例分析

旺达公司为一商品流通企业，年末编制试算平衡表时发现不平衡，其借方余额超过贷方余额 1 040 元。经查证，发现有下面几处错误：

（1）赊销商品一批，金额为 1 000 元，借方科目已正确入账，但贷方被漏记；

（2）一项固定资产的运输费用 240 元被记为采购商品的运输费用；

（3）采购商品一批，金额为 350 元，贷方科目已正确入账，但借方金额被记为 850 元；

（4）有一笔水电费 150 元被漏记；

（5）期末有一批办公用文具 240 元被漏记；

（6）有一笔销售返还业务，金额为 230 元，与客户相关的科目处理正确，但在处理另一科目时，却被误认为是采购返还业务。

问题：

1. 更正错误后，试算平衡表会平衡吗？
2. 若更正错误前，旺达公司本年的净利润为 18 500 元，请计算更正错误后旺达公司在本年的净利润（不考虑税费）。

第四章　会计循环（二）

本章结构

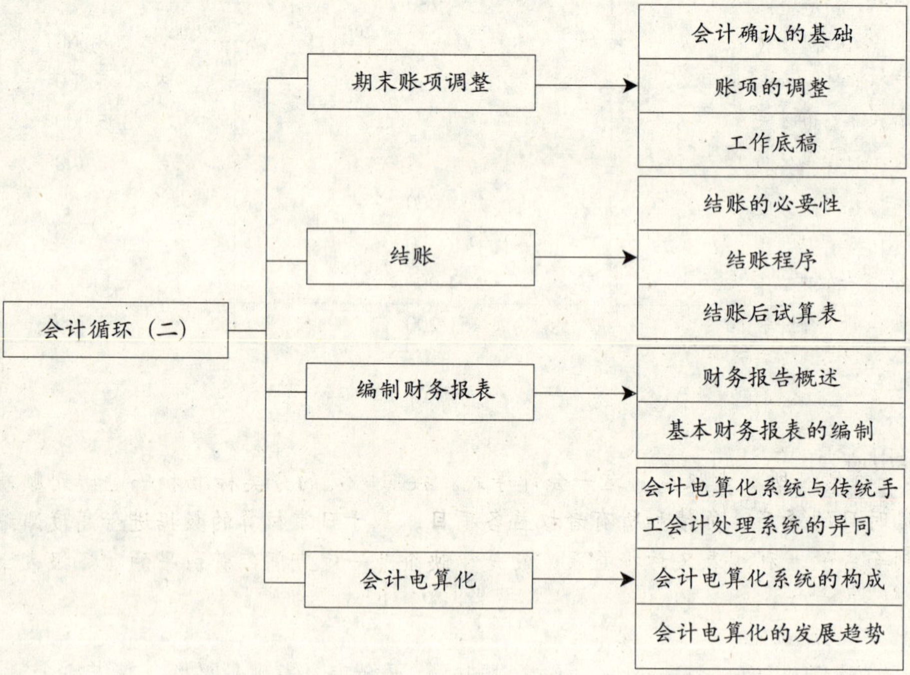

本章概念

持续经营　会计分期　权责发生制　收付实现制　配比原则　应付费用　应计收入　预付费用　预收收入　坏账准备　折旧　结账　实账户　虚账户　对账　财务报告　资产负债表　利润表　现金流量　现金流量表　会计电算化

本章小结

掌握持续经营与会计分期：持续经营是指企业在可预见的将来（无明显反证的情况下）都可连续地经营下去；会计分期是指将会计主体连续无限的经营划分为相等的会计期间。持续经营与会计分期假设对财务会计起着举足轻重的作用。实际上，离开持续经营与会计分期假设就不可能形成现在这一套财务会计与报告模式。

掌握权责发生制与收付实现制：权责发生制又称应计制，它确定本期收入和费用，是以权利或义务的发生与否为标准来确认收入和费用。即凡是在经济利益有可能流入企业从而导致企业资产增加或者负债减少，且经济利益的流入额能够可靠计量时，不论企业是否已取得这笔款项，都应确认为收入；同样，在经济利益很可能流出从而导致企业资产减少或者负债增加，且经济利益的流入能够可靠计量时，即使与该项义务相关联的款项支付行为尚未发生，也应确认为费用。收付实现制又称现金制，它确定本期收入和费用，以款项实际收到和付出为标准。按照收付实现制，凡属本期收到的款项就归为本期的收入，凡属本期支付出去的款项就归为本期的费用；反之，凡不是本期收到的款项，不是本期支付出去的款项，就不作为本期的收入和费用处理。由于款项的收付实际上以现金收付为准，所以又称为现金制。

掌握期末应予调整的项目及其调整分录的编制：期末的账项调整包括三大类，即应计项目（应计费用和应计收入）、递延项目（预付费用和预收收入）和估计项目。所有的调整分录均需过入相应账户，并需再进行一次试算，以检查将调整分录过入相应账户时是否存在差错。

掌握结账的程序：期末结账时，所有虚账户都要结清。结清虚账户时，先设置“本年利润”账户，以归集本期各收入、费用类账户的余额。“本年利润”账户一般只在期末结账计算本期经营成果时使用。期末结账的最后，要将“本年利润”账户的余额转入“利润分配——未分配利润”账户。对所有实账户都要进行结转，即资产、负债和所有者权益账户的余额均需结转到下期继续记录。

掌握基本财务报表的编制：编制财务报表是会计循环的终点。企业在结账后便可编制财务报表，从而完成一个会计期间的会计循环。企业基本的财务报表有资产负债表、利润表和现金流量表。资产负债表是反映企业某一特定时点财务状况的财务报表，它是根据“资产＝负债＋所有者权益”这一会计等式，按照一定的分类标准和一定排列顺序，把企业一定时日的资产、负债和所有者权益各项目，基于日常核算的数据进行高度浓缩、整理后编制而成的。利润表又称损益表，它是反映企业一定期间经营成果的财务报表。利润表是根据权责发生制和配比原则，将一定期间内的收入与相关的费用（成本）相配比，计算出企业一定期间的净利润或净亏损。现金流量表是以现金流量为基础，反映企业在一定时期由企业的经营活动、筹资活动和投资活动所引起的现金及现金等价物变动情况的财务报表，用来揭示企业经营活动、投资活动和筹资活动所引起的各种现金流入、流出与净流量的变动情况。

了解会计电算化：会计电算化的基本含义是指将计算机技术应用到会计处理工作中，但又不仅仅是以计算机为处理工具来取代手工处理的过程，而且还要实现手工会计处理无法实现的功能，属于管理信息系统的一部分。随着网络技术的发展，要求会计软件不断向管理型、开放型、网络型的方向发展。

思考题

一、多选题

1. 会计核算中配比包括（　　）。

A. 因果配比　　B. 系统配比　　C. 期间配比　　D. 事项配比

2. 两种基本的会计确认为（　　）。

A. 收付实现制与应计制　　B. 现金制与应计制

C. 现金制与收付实现制　　D. 权责发生制与收付实现制

3. 期末调整项目的种类有（　　）。

A. 应计项目　　B. 递延项目　　C. 结账项目　　D. 估计项目

4. 下列属于虚账户的有（　　）。

A. 主营业务成本　　B. 营业外支出　　C. 生产成本　　D. 销售费用

5. 下列属于实账户的有（　　）。

A. 本年利润　　B. 未分配利润　　C. 预付费用　　D. 预收账款

6. 我国现行准则要求对外提供的基本财务报表是（　　）。

A. 资产负债表　　B. 利润表　　C. 现金流量表　　D. 利润分配表

二、判断题

1. 权责发生制与收付实现制就是因为会计分期而产生的。（　　）

2. 权责发生制是以权利或义务的发生与否为标准来确认收入与费用的，而本期现金的收支又是判断权利或义务发生与否的基本前提。（　　）

3. 预提费用又称待摊费用，是指本期已发生，应由本期负担但还未支付款项的费用。（　　）

4. 虚账户又称"临时性账户"，在每个会计期末要将这些账户金额全部予以结清。设置虚账户的目的是为了计算一个期间的损益结果。（　　）

5. 递延项目必然会随着营业的持续而逐渐减少，并成为已实现收入或已发生的费用。（　　）

6. 从长期观点看，权责发生制与收付实现制下所计算的会计净利润是相等的。（　　）

三、简答题

1. 什么是永续经营，为何要进行会计分期？

2. 比较收付实现制与权责发生制的异同。

3. 简述结账的必要性和基本程序。

4. 概述三张主要报表之间的关系。

5. 何谓会计电算化，会计电算化的发展趋势是什么？既然有电子会计处理系统，我们为何还要学习会计处理的基本方法和程序？

练习题

一、（权责发生制与收付实现制）某公司 2008 年 3 月发生如下与收入费用相关的经济业务（见下表）。

	收付实现制		权责发生制	
	收入	费用	收入	费用
1. 本月销售商品 50 000 元，货款未收				
2. 收到某企业订货款 15 000 元，商品尚未发出				
3. 收到上期商品销货款 30 000 元				
4. 支付本月水电费 4 500 元				
5. 计提本月折旧费 8 500 元				
6. 预提本月银行借款利息 1 580 元				
7. 支付本季度利息费用 4 740 元				
8. 预付下一季度保险费用 3 000 元				
9. 摊销本月保险费用 1 000 元				
10. 本月购进商品 30 000 元，货款已付				
11. 结转本月销货成本 28 000 元				

要求：

1. 根据收付实现制与权责发生制分别确定两种制度下的收入与费用项目（在上表中用“√”表示）及金额。

2. 分别计算两种方式下的利润是多少，导致这一差异的原因是什么？

二、（账项调整）某公司 2008 年 3 月发生如下经济业务：

1. 本月短期借款 150 000 元，年利率为 4.5%，计提本月利息费用，并以银行存款支付本季度利息费用。

2. 预付下一季度的保险费用 3 600 元，并摊销本月保险费用。

3. 年初接受一笔预收货款 50 000 元，本月交货。

4. 将公司暂时闲置的房屋从下月起出租，收到半年租金 36 000 元。

5. 从本月初开始向某企业提供一项培训服务，合同收入 45 000 元，培训期三个月，对方先期支付 25 000 元，余款培训结束后支付。

6. 计提本月固定资产折旧 40 000 元，其中行政大楼的折旧额为 10 000 元。

7. 本期周转材料的期初余额 28 000 元，本期增加 27 200 元，期末余额为 18 400 元。该周转材料主要用于商品销售。

要求：登记以上经济业务的会计分录。

三、（漏账的影响）某公司 2 月份发现下列漏列事项：

1. 漏计本月应付职工薪酬。

2. 漏计本月折旧费用。

3. 漏列本月应计利息费用。

4. 未调整本月存货短缺。

5. 未确认本月应计收入。

要求：根据上述资料，将漏列事项对下表中各项目的影响用“+”、“-”和“0”

列出（“+”表示高估、“-”表示低估、“0”表示无影响）。

项目	漏账的影响				
	1	2	3	4	5
收入					
成本或费用					
净利润					
流动资产					
非流动资产					
流动负债					
非流动负债					
所有者权益					

四、（会计循环）下面是南方贸易公司2007年12月31日的资产负债表：

资产负债表

编制单位：南方公司　　2007年12月31日　　单位：元

资产		负债和所有者权益	
现金	10 000	银行借款	10 000
银行存款	180 000	应付账款	30 000
应收账款	20 000	其他应付款	12 000
其他应收款	1 000	应付职工薪酬	10 000
存货	40 000		
固定资产	100 000	实收资本	250 000
减：累计折旧	20 000	未分配利润	19 000
合计	331 000	合计	331 000

注：其他应收款明细为职工张建出差预支款1 000元；其他应付款明细为公司2007年12月1日预收的出租房屋的半年租金12 000元，存货全部为库存商品。

以下是2008年1月份南方贸易公司发生的经济业务：

1. 赊购办公设备一台，价值50 000元。
2. 从银行转账支付上月应付货款20 000元。
3. 员工张建出差回来报销，共花费1 500元，差额以现金补足。
4. 直接从银行划账支付上月工资10 000元。
5. 购进商品30 000元，一半以存款支付，一半挂账。
6. 以存款支付本年度保险费12 000元。
7. 本月共销售商品80 000元，货款已收，成本50 000元。
8. 本月应计工资12 000元，其中销售部门8 000元，管理部门4 000元。
9. 本月以存款支付水电费5 000元。

10. 预提本月利息费用500元。
11. 计提本月折旧1 500元。
12. 本月应收存款利息2 000元。
13. 登记本月房租收入。
14. 摊销本月保险费。
15. 结转本月商品销售成本。

要求：

1. 编制会计分录（注：调整分录从业务10开始）。
2. 登记T形账。
3. 编制工作底稿。
4. 编制结账分录。
5. 编制利润表和资产负债表。

案例分析

兴兴快印公司成立于2007年11月28日，并于2008年1月1日开始营业，营运之初的资产负债表如表1所示。

表1　　**兴兴快印公司资产负债表**

2008年1月1日　　单位：元

资产	
现金	3 000
存货——耗材用品	26 000
固定资产——设备	300 000
合计	329 000
负债与所有者权益	
短期借款	10 000
应付账款	19 000
长期借款	40 000
实收资本	260 000
合计	329 000

在编制2008年度的财务报告时，会计人员复核了兴兴公司的现金收支记录，现金收支的具体信息如表2所示。

表 2 兴兴快印公司现金收入与支出

2008 年 单位：元

现金收入：	
现金销售收入	218 750
应收账款收回	84 650
合计	303 400
现金支出：	
职工薪酬	86 150
水电费用	18 000
房屋租金（a）	52 000
管理费用	28 570
利息费用（b）	3 200
偿还银行短期借款	10 000
偿还应付账款	28 000
合计	225 920

a：所支付的租金中有 2 000 元是预付租金。

b：利息费用于 6 月 30 日与 12 月 31 日支付，2008 年的利息均已按期支付。

另外，会计人员还核查了与营运相关的其他一些信息，这些附加项目列示在表 3。

表 3 与营运相关的其他信息

1. 在 2008 年底，兴兴快印公司欠复印耗材用品供应商 24 000 元
2. 固定资产每年的折旧费用为 30 000 元
3. 在 2008 年底，兴兴快印公司还有应收账款 35 000 元，这些应收账款预期于 45 天内收回
4. 年末耗材库存清单表明，库存耗材用品的成本为 30 000 元
5. 2008 年度的所得税预计为 11 000 元，2008 年 12 月 31 日尚未支付

问题：

1. 试说明兴兴快印公司 2008 年度所使用耗材用品的成本。
2. 编制兴兴快印公司 2008 年度的利润表以及 2008 年 12 月 31 日的资产负债表。

第五章　收入、货币资金和应收款项

本章结构

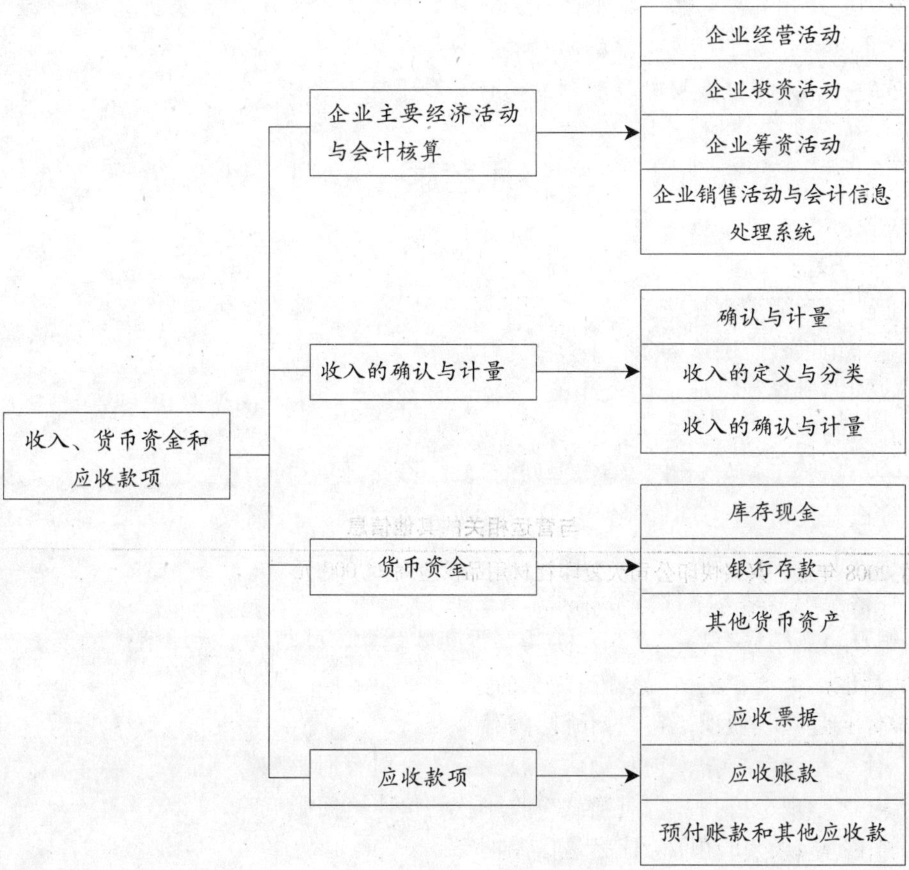

本章概念

经营活动　投资活动　筹资活动　营业收入　现销　赊销　货币资金　备用金　银行本票　银行汇票　银行承兑汇票　商业承兑汇票　支票　托收承付　委托收款　应收票据　应收账款　坏账　坏账损失　坏账准备

本章小结

本章包括三大内容：收入的确认与计量、货币资金核算及应收款项的会计处理。

收入的确认与计量这一部分，首先介绍了企业经济活动的三个过程：经营活动、投资活动和筹资活动。其次论述了收入的基本概念、特征，收入确认的五个条件，收入计量的基本原则。最后举例说明了收入确认与计量的会计处理。

货币资金这一部分，首先阐述了货币资金的基本概念和内容、现金和银行存款的管理制度、现金结算和非现金结算方式。接着介绍了现金及银行存款的会计处理。最后对现金和银行存款的清查作了详细的介绍。

应收款项部分主要讲述了应收账款和应收票据，对其他应收款只作了简单说明。对于应收账款部分，应该掌握应收账款的确认与计量、坏账的确认与计量，以及应收账款与坏账的会计处理，其中坏账的备抵法（应收账款余额百分比法）属于重点及难点。

应收票据部分要了解应收票据的种类、应收票据形成、期末计提利息、票据贴现、票据到期限的会计处理。票据贴现和利息的计算属于重点及难点。

思考题

一、简答题

1. 企业经济活动有哪些？
2. 企业销售收入确认的条件有哪些？
3. 收入的概念和特征是什么？
4. 收入的内容有哪些？
5. 现金折扣、销售折让、销售退回的会计处理有何不同？
6. 什么是货币资金，其内容包括哪些？
7. 现金的管理规定有哪些，其内部控制制度是怎样的？
8. 什么是现金结算，什么是转账结算？
9. 银行转账结算有哪些方式，哪些属于同城结算，哪些属于异地结算？
10. 其他货币资金包括哪些内容？
11. 什么是应收款项，它包括哪些内容？
12. 什么是商业折扣，它对确认应收账款的价值有何影响？
13. 什么是现金折扣，它对确认应收账款的价值有何影响？
14. 什么是现金折扣期，什么是信用期？
15. 什么是应收票据，它是如何分类的？
16. 如何区分应收票据的票据期限、持有期限和贴现期限？
17. 简述应收票据贴现的概念及特点。为什么说贴现的带有追索权的应收票据是一种或有负债？
18. 什么是坏账，如何认定坏账？

二、单选题

1. 在采用预收款方式销售的情况下，应当以（　　）确认营业收入的实现。

A. 合同约定的收款日期　　B. 实际收到货款时

C. 将发票账单交给买方时　　D. 在商品发出时

2. 销售商品发生的现金折扣，应当（　　）。

A. 计入财务费用　　B. 冲减财务费用

C. 增加主营业务成本　　D. 冲减主营业务成本

3. 下列项目中，不可以直接用库存现金支付的是（　　）。

A. 个人劳务报酬　　B. 向供销社收购农副产品

C. 出差与之差旅费　　D. 职工个人的医药费

4. 下列项目中，不是其他货币资金的是（　　）。

A. 信用卡存款　　B. 外埠存款

C. 银行本票存款　　D. 银行存款

5. 企业总务科报销定额备用金时，借记“管理费用”账户，贷记(　　)账户。

A. “备用金”　　B. “其他应收款”

C. “其他应付款”　　D. “库存现金”

6. 按照现行规定，下列结算方式中可以通过“应收票据”核算的包括（　　）。

A. 银行承兑汇票　　B. 外埠存款

C. 银行本票存款　　D. 银行汇票存款

7. 某企业2007年9月1日收到一张面额10万、年利率6%的商业承兑汇票，期限6个月，则2007年末的资产负债表上“应收票据”项目金额为(　　)万元。

A. 10.6　　B. 10.2　　C. 10.3　　D. 10.5

8. 企业销售商品发生的销售折让应（　　）。

A. 增加销售费用　　B. 冲减主营业务收入

C. 增加主营业务成本　　D. 增加营业外支出

9. 某工业企业销售产品每件220元，若客户购买100件（含100件）以上，每件可得到20元的商业折扣。某客户2002年12月10日购买该企业产品100件，按规定现金折扣条件为2/10，1/20，*n*/30。适用的增值税税率为17%。该企业于12月26日收到该笔款项时，假定计算现金折扣时不考虑增值税，应给予客户的现金折扣为(　　)元。

A. 0　　B. 200　　C. 234　　D. 220

10. 某企业1月15日销售产品一批，应收账款为11万元，规定对方付款条件为“2/10，1/20，*n*/30”。购货单位已于1月22日付款，该企业实际收到的金额为（　　）万元。

A. 11　　B. 10　　C. 10.78　　D. 8.8

三、判断题

1. 商业折扣是企业为促进商品销售而在商品标价上给予的价款扣除，应该在销售商品收入中减去，予以单独反映。(　　)

2. 企业在采用托收承付结算方式销售商品时，应当在商品已经发出并办妥委托手续后确认收入。(　　)

3. 现金折扣和销售折让在销售商品时均不能预计，因而，应在实际发生时冲减销售收入。(　　)

4. 在企业的所有资产中，货币资金的流动性最强。(　　)

5. 为简化现金存取手续，企业可以用收入的现金直接支付有关款项。(　　)

6.《企业会计制度》规定，每日终了结算现金收支、财产清查等发现的有待查明原因的现金短缺或溢余，应通过“待处理财产损溢”账户核算。(　　)

7. 备用金是企业拨付给企业内部有关部门或职工个人作为差旅费、零星采购、零星开支等用途的备用款项。(　　)

8. 商业承兑汇票到期时，如果付款企业的存款不足支付货款，开户银行应将汇票退回收款企业，银行不负责付款。(　　)

9. 银行存款日记账与银行对账单应至少每月核对一次，银行存款日记账与银行对账单余额如有差额，应按月编制“银行存款余额调节表”，同时企业应按未达款项入账。(　　)

10. 银行承兑汇票贴现为有追索权的，即当付款人到期无力支付票据款项，背书人或贴现人在法律上要承担连带清偿责任，即贴现企业必须向贴现银行偿还这一债务。(　　)

练习题

一、(销售、现金折扣和商业折扣) W 公司 5 月 1 日销售一批货 300 件给 N 公司，单位价格 400 元，增值税率为 17%。双方洽谈后，W 公司按 8.5 折的价格销售给对方。付款条件为“2/15，*n*/30”。假设 N 公司于 5 月 8 日付款或 5 月 15 日付款。

要求：分别编制三个时点的会计分录。

二、(现金和银行存款) W 公司 2008 年 6 月 1 日现金余额为 2 000 元，银行存款余额为 200 000 元，6 月发生如下经济业务（无特别说明不考虑税费）：

1. 6 月 1 日，企业到银行申请开出银行汇票一张 50 000 元到外地购买材料。

2. 6 月 3 日，企业用银行汇票购回材料 40 000 元，增值税 6 800 元，余款转回存入银行。

3. 6 月 4 日，企业以转账支票购买办公用品 1 500 元。

4. 6 月 5 日，销售人员张某出差，预支 500 元现金。

5. 6 月 7 日，企业开出一张转账支票 25 000 元，偿还前欠款。

6. 6 月 15 日，张某回来报销差旅费 450 元，另退回现金 50 元。

7. 6 月 17 日，企业销售商品一批给 N 公司，并收到 N 公司一张银行汇票 35 000 元送存银行。

8. 6 月 18 日，企业申请开出信用证 200 000 元，用于进口货物。

9. 6 月 20 日，销售取得现金 5 000 元，当天存入银行。

10. 6 月 21 日，销售取得现金 3 000 元。

11. 6 月 21 日，将上日销售款 3 000 元存入银行。

12. 企业进行现金清查发现短款 3 000 元，原因待查。

13. 企业以汇兑方式汇出 23 000 元到上海购买材料。

要求：编制相应的会计分录。

三、（银行存款余额调节表）W公司2008年5月31日的银行存款账面余额为450 000元，银行对账单余额为500 500元。经过逐项核对，发现造成双方不符的原因如下：

1. 银行代公司收入销售货款100 000元，银行已入账，而公司尚未收到银行通知，尚未入账。

2. 月末，公司将转账支票70 000元送存银行，公司已入账，而银行尚未入账。

3. 银行代企业支付电话费15 000元，银行已入账，而公司尚未收到银行通知，尚未入账。

4. 月末，公司开出转账支票35 000元，公司已入账，而银行尚未入账。

5. 月末，银行已将存款利息500元转入银行存款账户，但公司还没收到有关凭证，尚未入账。

要求：根据以上资料编制W公司2008年5月31日的银行存款余额调节表。

四、（应收票据）W公司2006年3月1日销售产品一批给N公司，货已发出，贷款及税款共计58 500元，不分期计息。

1. 假设N公司签发一张面值58 500元、期限6个月的无息商业承兑票据给W企业结算，试编制销货方票据签发日、票据到期日收到款项、票据到期日N公司无款支付的会计分录。

2. 假设N公司签发票面利率为9.6%的有息票据进行结算，票面金额为58 500元，期限为6个月。试编制销货方票据签发日、票据到期日收到款项、票据到期日N公司无款支付的会计分录。

3. 假设W企业将上述不带息票据持票2个月后，向银行申请贴现，贴现率为12%。计算贴现息和贴现金额。编制贴现时的会计分录，票据到期兑付、票据到期不能兑付的会计分录。

4. 假设W企业将上述带息票据持票2个月后，向银行申请贴现，贴现率为12%。编制贴现时的会计分录，票据到期兑付、票据到期不能兑付的会计分录。

五、（应收账款）某企业2006年末应收账款余额为960 000元，该公司规定，对于坏账损失的核算采用备抵法，对于坏账准备的计提采用应收账款余额综合百分比法，估计坏账提取率为3%，2006年该公司“坏账准备”账户有年初贷方余额27 000元。

2007年，确认有30 000元的坏账损失，年末“应收账款”余额为1 000 000元。

2008年，上年确认的30 000元坏账损失中有20 000元又重新收回，本年度“应收账款”期末余额为800 000元。

要求：根据上述资料，编制2006年、2007年、2008年度计提坏账准备，确认坏账损失、收回前期已注销的坏账的会计分录。

案例分析

甲企业2008年度发生的业务有关资料如下：

1. 5月1日，甲企业向A企业销售商品一批，价值100万元，商品已经发出，该批商品对方已预付货款。A企业当天收到商品后，发现商品质量未达到合同规定的要求，立即根据合同的有关价格减让和退货的条款与甲企业协商，要求甲企业在价格上给予一定的减让，否则予以退货。至年底，双方尚未就此达成一致意见，甲企业也未采取任何补救措施。

2. 6月1日，甲企业与B企业签订销售合同。合同规定，甲企业向B企业销售生产线一条，总价款为250万元；甲企业负责该生产线的安装调试工作，且安装调试工作是销售合同的重要组成部分。12月5日，甲企业向B企业发出生产线；12月8日，B企业收到生产线并向甲企业支付250万元货款；12月20日，甲企业向B企业派出生产线安装工程技术人员，进行生产线的安装调试；至12月31日，该生产线尚未安装完工。

3. 8月5日，甲企业将一片住宅小区销售给C企业，总价款为1 500万元，甲企业已收到C企业支付的款项，相关的成本可以计量。同时，甲企业接受C企业的委托负责该小区的物业管理。

4. 10月5日，甲企业与D企业签订销售协议。协议规定：甲企业在10月10日将其生产的一批产品销售给D企业，销售价格为600万元；D企业收到产品后应立即向甲企业支付全部价款；甲企业在D企业购入产品1年内，应以650万元的价格购回。

问题：

根据以上资料，分析甲企业上述业务是否符合收入确认条件，并简要说明理由。

第六章　生产成本、销售成本与存货

本章结构

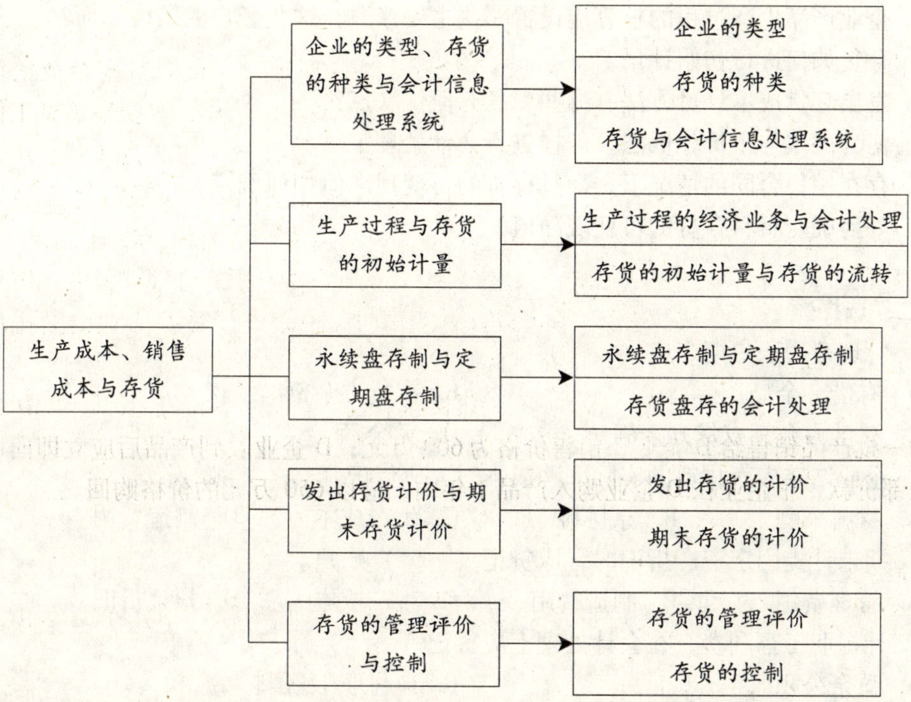

本章概念

存货　产成品　完工产品　在产品　产品成本　制造费用　永续盘存制　实地盘存制　盘盈　盘亏　个别计价法　先进先出法　后进先出法　移动加权平均法　全月一次加权平均法　成本与市价孰低法　存货周转率　存货周转天数　存货成本　缺货损失

本章小结

本章根据企业会计准则，对存货的概念、内容作了介绍。从生产过程出发，阐明了生产过程中存货的形式及其会计处理。

本章对存货购入、生产完工入库的计价内容、计价方法及会计处理作了说明。详细介绍了存货的盘存制度，即永续盘存制和实地盘存制。

本章阐述了发出存货的五种计价方法：个别计价法、先进先出法、后进先出法、移动加权平均法和全月一次加权平均法。介绍了发出存货的会计处理。

本章最后介绍了期末对存货进行再次确认与计量的方法——成本与可变现净值法，并对采用此法计提存货跌价准备的会计处理作了说明。

思考题

一、简答题

1. 存货的内容有哪些？
2. 企业产品生产过程的核算应设置哪些主要账户，这些账户的结构如何？
3. 存货如何进行初始计量？
4. 发出存货成本计价方法有哪些，各有何优缺点？
5. 何为成本与市价孰低法，怎样进行会计处理？
6. 存在销售合同的情况下，商品存货的可变现净值如何确定？
7. 如何确定材料存货的可变现净值？

二、选择题

1. 管理费用账户期末应（　　）。

A. 有借方余额　　B. 有贷方余额

C. 有借方余额或贷方余额　　D. 无余额

2. 企业结转入库材料的实际采购成本时，应借记（　　）账户。

A. 材料采购　　B. 原材料　　C. 生产成本　　D. 制造费用

3. 期末计提固定资产折旧时，应贷记（　　）账户。

A. 管理费用　　B. 制造费用　　C. 生产成本　　D. 累计折旧

4. 计提职工福利费，在会计处理上应贷记（　　）账户。

A. 盈余公积　　B. 应付职工薪酬

C. 专用基金　　D. 实收资本

5. 能够及时反映各种存货的收入、发出和结存的情况，便于及时查明存货盘点盘亏原因的制度是（　　）。

A. 收付实现制　　B. 权责发生制　　C. 永续盘存制　　D. 实地盘存制

6. "生产成本"账户的借方登记（　　）。

A. 直接材料　　B. 直接工资

C. 折旧费用　　D. 分配计入的制造费用

7. 在下列各项费用中，属于"管理费用"项目的有（　　）。

A. 公司经费　　B. 保险费

C. 劳动保护费　　D. 劳动保险费

E. 车间管理费　　F. 业务招待费

8. 长期待摊费用的项目主要包括（　　）。

A. 开办费

B. 摊销期限超过1年的固定资产修理支出

C. 经营租赁方式租入固定资产发生的改良支出

D. 融资租赁方式租入的固定资产

9. 下列各种方法适用于实物盘点的有（　　）。

A. 实地盘存　　B. 先进先出　　C. 永续盘存　　D. 后进先出

E. 最后进价　　F. 加权平均

10. 对存货的评价，实务中主要通过（　　）方法进行判断。

A. 比较分析法　　B. 结构分析法　　C. 指标分析法　　D. 比率分析法

三、判断题

1. “生产成本”账户的借方余额，表示期末结存产成品的数额。（　　）

2. “制造费用”账户的借方发生额应于期末转入“本年利润”账户，结转后该账户无余额。（　　）

3. 财务费用是一种期间费用，按期归集，期末全部转入“本年利润”账户。（　　）

4. 盘亏的固定资产和毁损的固定资产，经批准作为企业损失时均作为营业外支出处理。（　　）

5. 基本生产车间管理人员的工资及福利费不属于直接人工费。（　　）

6. 我国《企业会计准则第1号——存货》规定，企业应当采用先进先出法、加权平均法（包括移动加权平均法和月末一次加权平均法）、个别计价法、后进先出法确定存货的成本。（　　）

7. 成本与市价孰低法，是指期末存货按照成本与当期市场价格两者之中较低者计价的方法。（　　）

8. 先进先出法反映发出存货的实际成本最为准确，且可以随时结转发出材料的成本，在理论上是最为可取的。（　　）

9. 永续盘存制对企业各项财产物资的增减变动，平时只登记增加数，不登记减少数。（　　）

10. 存货核算方式的选择对于反映企业的财务状况和经营成果具有直接的影响。（　　）

练习题

一、（制造企业产品生产业务的核算）华景公司2008年10月发生的有关经济业务如下：

1. 生产车间为了生产甲产品，到仓库领用A材料1 000公斤、B材料2 000公斤；为了生产乙产品，到仓库领用A材料700公斤、B材料800公斤、C材料900公斤。同时，生产车间一般耗用C材料800公斤；企业管理部门耗用C材料300公斤。A、B、C 3种材料的实际单位成本分别为每公斤20元、30元、10元。

2. 生产车间机器设备日常维修和厂部办公用房日常修理分别领用D材料3 000元、5 000元。

3. 摊销本月固定资产大修理费用，其中摊销生产车间和厂部用固定资产大修理费分别为 20 000 元、2 000 元。

4. 本月应付生产甲、乙两种产品的生产工人工资分别为 96 000 元、84 000 元；应付生产车间管理人员和厂部管理人员工资分别为 8 000 元、12 000 元。

5. 根据上述应付工资额的 14% 计提本月职工福利费。

6. 计提本月固定资产折旧，其中应提生产车间和厂部用固定资产折旧费分别为 40 000 元、10 000 元。

7. 以银行存款支付水电费 3 000 元。其中甲产品耗用 1 300 元，乙产品耗用 1 200 元，车间管理部门耗用 200 元和厂部办公耗用 300 元。

8. 将本月制造费用按工时比例分配法分配给甲产品与乙产品，两种产品消耗工时分别为 8 600 工时、11 400 工时。

9. 本月完工甲产品 700 件，乙产品 1 800 件，产品本月生产本月完工，没有期初在产品和期末在产品。

要求：根据上述资料编制会计分录。

二、（先进先出法、加权平均法——移动加权平均法和全月一次加权平均法——计算本期发出和期末结存存货的成本）某企业 8 月份材料收发结存情况如表 1 所示：

表 1 材料收发结存情况表

日期	期初结存		本期收入		本期发出		期末结存	
	数量	单价	数量	单价	数量	单价	数量	单价
1 日	200	10						
8 日			300	10.5				
12 日					300			
18 日			200	11				
28 日					100			
合计	200		500		400		300	

要求：分别用先进先出法、加权平均法（移动加权平均法和全月一次加权平均法）计算 8 月份发出材料和结存材料的实际成本。

案例分析

中外上市公司中，涉嫌存货舞弊的案例为数众多，其中比较著名的有麦克森 & 罗宾斯公司、斯温道色拉油公司、权益基金、ZZZZ 百斯特公司，法尔莫公司以及中国的红光实业公司、天津广夏（集团）有限公司等。这些公司所策划的舞弊方案给注册会计师带来了很大的审计风险。下面选择其中较为典型的美国法尔莫公司案予以介绍。

从孩提时代开始，米奇·莫纳斯就喜欢几乎所有的运动，尤其是篮球。但是因天资及身高所限，他没有机会到职业球队打球。然而，莫纳斯确实拥有一个所有顶级球员共有的特征，那就是他有一种无法抑制的求胜欲望。

莫纳斯把他无穷的精力从球场上转移到他的董事长办公室里。他首先设法获得了位于俄亥俄州阳土敦市的一家药店，在随后的10年中他又收购了另外299家药店，从而组建了全国连锁的法尔莫公司。不幸的是，这一切辉煌都是建立在资产造假——未检查出来的存货高估和虚假利润的基础上的，这些舞弊行为最终导致了莫纳斯及其公司的破产。同时也使为其提供审计服务的“五大”事务所损失了数百万美元。下面是这起案件的经过：

自获得第一家药店开始，莫纳斯就梦想着把他的小店发展成一个庞大的药品帝国。其所实施的策略就是他所谓的“强力购买”，即通过提供大比例折扣来销售商品。莫纳斯首先做的就是把实际上并不盈利且未经审计的药店报表拿来，用自己的笔为其加上并不存在的存货和利润，然后凭着自己空谈的天分及一套夸大了的报表，在1年之内骗得了足够的投资用以收购了8家药店，奠定了他的小型药品帝国的基础。这个帝国后来发展到了拥有300家连锁店的规模。一时间，莫纳斯成为金融领域的风云人物，他的公司则在阳土敦市赢得了令人崇拜的地位。

在一次偶然的机会导致这个精心设计的、至少引起5亿美元损失的财务舞弊事件浮出水面之时，莫纳斯和他的公司炮制虚假利润已达10年之久，这实在并非一件容易的事。当时法尔莫公司的财务总监认为因公司以低于成本出售商品而招致了严重的损失，但是莫纳斯认为通过“强力购买”，公司完全可以发展得足够大以使得它能顺利地坚持它的销售方式。最终在莫纳斯的强大压力下，这位财务总监卷入了这起舞弊案件。在随后的数年之中，他和他的几位下属保持了两套账簿，一套用以应付注册会计师的审计，一套反映糟糕的现实。

他们先将所有的损失归入一个所谓的“水桶账户”，然后再将该账户的金额通过虚增存货的方式重新分配到公司的数百家成员药店中。他们仿造购货发票、制造增加存货并减少销售成本的虚假记账凭证、确认购货却不同时确认负债、多计或加倍计算存货的数量。财务部门之所以可以隐瞒存货短缺是因为注册会计师只对300家药店中的4家进行存货监盘，而且他们会提前数月通知法尔莫公司他们将检查哪些药店。管理人员随之将那4家药店堆满实物存货，而把那些虚增的部分分配到其余的296家药店。如果不考虑其会计造假，法尔莫公司实际已濒临破产。在最近一次审计中，其现金已紧缺到供应商因其未能及时支付购货款而威胁取消对其供货的地步。

注册会计师们一直未能发现这起舞弊，他们为此付出了昂贵的代价。这项审计失败使会计师事务所在民事诉讼中损失了3亿美元。那个财务总监被判33个月的监禁，莫纳斯本人则被判入狱5年。

问题：

1. 上述案例中，莫纳斯进行存货价值操纵的手法具体有哪些？
2. 并非所有的公司都可以存货造假、虚增利润并瞒过注册会计师的盘点程序。事实上，对于有些公司，如那些规模很小、业务较简单的公司，要想瞒过注册会计师而在存货上做手脚是非常困难的。仔细思考下，具有什么特点的公司或行业管理当局进行存货舞弊的可能性会增加？

第七章　长期资产及投资

本章结构

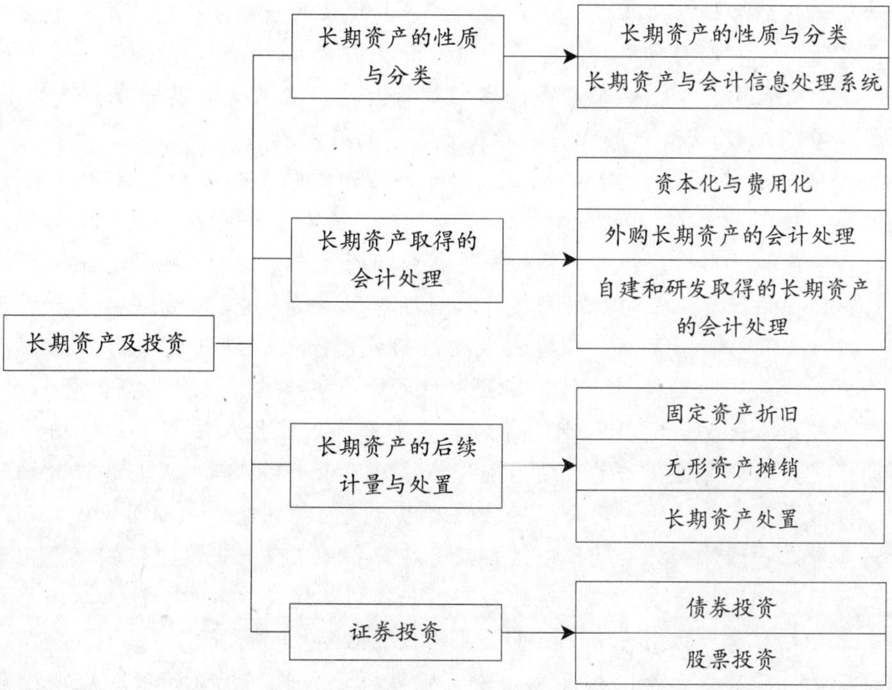

本章概念

长期资产　固定资产　无形资产　债券投资　股票投资　资本化　费用化　研究与开发　折旧　折旧基础　折旧年限　折旧方法　直线折旧法　产量法　加速折旧法　摊销　交易性金融资产　可供出售金融资产　持有至到期投资　市价法/成本法　成本法/权益法

本章小结

掌握长期资产的性质与分类：长期资产（或非流动资产）的特点是其价值的转移需要经过较长时期，通常的标准是其价值的转移需要超过 1 年或一个营业周期。主要的长期资产有固定资产、无形资产、可供出售金融资产、持有至到期投资、长期股权投资。本章主要讨论这些长期资产项目。其他长期资产项目还有长期应收款、投资性房地产、递延所得税资产以及其他非流动资产等。固定资产主要有建筑物、设备、土地等生产性资料，同时也包括自然资源，如蕴藏在地下的原油和天然气等。无形资产则包括没有产权的土地

（即土地使用权）、专利权、非专利技术、商标权、著作权、特许权等。证券投资分为债券投资和股票投资两大类。

了解固定资产、无形资产与投资的会计处理流程：固定资产通常由两个途径取得：一是向外购买，一是企业自身兴建制造。购进的价款（买价）、相关费用（如运输费、安装费）和税金（如增值税）一般全部计入固定资产初始成本。而自身兴建制造的固定资产，首先通过“在建工程”将兴建中的人工费用、材料费用及其他相关费用归集起来，工程完工后，再将“在建工程”转入固定资产成本中。固定资产入账投入使用后，根据对其预计的寿命周期，将其全部价值在一定时期内进行折旧。用于产品生产的固定资产其折旧计入制造费用，然后转入产品成本，最后构成产品价值的一部分；对于用于非生产性的固定资产，其折旧计入期间费用。固定资产报废和提前变卖时，将扣除累计折旧后的固定资产净值从变卖收入中扣除，从而形成一定的收入（变卖收入大于其净值）或支出（变卖收入小于其净值）。固定资产的相关活动属于企业的投资活动。

无形资产也主要通过外购和企业自身研究与开发两个途径取得。购进的价款（买价）、相关费用（如培训费、律师费）和税金（如营业税）一般全部进入无形资产初始成本。而自身研发的无形资产，首先将研发过程分为研究与开发两个阶段，前一个阶段的人工费用、材料费用及其他相关费用直接计入当期费用。后一阶段的相关成本和费用首先归集在“开发成本”中，当形成一项专利或相应的知识产权（即研发成功）后，符合资本化条件的，将计入“开发成本”的金额转入无形资产初始成本中；不符合资本化条件的，将计入“开发成本”的金额转入期间费用。无形资产入账投入使用后，根据对其预计的寿命周期，将其全部价值在一定时期内进行摊销。用于产品生产的无形资产的摊销额计入制造费用，形成产品价值的一部分；其余的无形资产的摊销额计入期间费用。如果无形资产的使用寿命无法预计，就不进行摊销，只是在每年年末进行一次减值测试。无形资产报废和提前变卖时，将扣除累计摊销后的无形资产净值从变卖收入中扣除，从而形成一定的收入或支出。无形资产的相关活动属于企业的投资活动。

证券投资（股票投资和债券投资）分为短期投资和长期投资两种。短期投资为交易性金融资产，交易性金融资产是准备随时出售的，其买价计入初始成本，相关费用直接计入当期损益。而长期股票和债券投资（包括可供出售金融资产、持有至到期投资和长期股权投资）的买价和相关费用全部计入初始投资成本。持有期间所有类型的投资回报全部计入“投资收益”，长期股权投资的回报可能会出现损失。对外投资的购买影响的是企业投资活动的现金流出，而持有期间收到的现金回报和投资变卖取得的现金收入，影响的是投资活动的现金流入。

认清折旧的实质和影响因素：折旧就是将固定资产成本系统地分配到各个会计期间，所分配的金额根据受益对象和期间分别计入生产成本或期间费用。虽然说折旧的一个重要原因是固定资产使用后价值不断降低，但实际上折旧的金额与固定资产价值的下降或损耗从严格意义讲是不相匹配的。固定资产折旧从本质上讲，是一种成本分摊的过程，而不是一个计价的过程。影响折旧的因素主要有三个：一是折旧基础；二是折旧年限；三是折旧方法。折旧基础是固定资产应分摊的金额，等于固定资产原始成本减去预计的净残值。折旧年限是一个估计数。这种估计既基于固定资产的物理寿命，更重要的是考虑其经济寿命。当折旧基础和折旧年限确定后，每期折旧额的多少还取决于特定的折旧方法。现行的折旧方法主要有两类：一类是产量法，一类是加速折旧法。假定固定资产是均衡使用的，折旧就根据所使用的年限平均分摊，这样就产生第三种方法，即直线折旧法。要注意的是，折旧并不影响企业的现金流量。

了解债券投资与股票投资的性质与分类：证券投资是将资金让渡给另一方使用，以对方支付一定使用回报的方式间接取得投资收益的一种投资方式。证券投资分为债券投资和股票投资两大类。债券与股票的最大区别体现在收益的风险上，债券到期可收回本金，并且每期的收益是固定的；股票的收益随被投资企业盈利情况而定，并且投资成本只可在市场转让，而不能从被投资企业收回。债券投资可再细分为交易性金融资产（流动资产）、可供出售金融资产和持有至到期投资；股票投资则分为交易性金融资产（流动资产）、可供出售金融资产和长期股权投资。

掌握债券投资的会计处理：债券投资分为交易性金融资产、可供出售金融资产和持有至到期投资。交易性金融资产是按市价法进行计量的：购进时，买价计入成本，交易时的相关费用计入当期损益（投资收益），收到的利息计入当期损益，期末市价的变动也计入当期损益。由于交易性金融资产是准备随时买卖的，将市价的变动计入当期损益，就是为了更好地揭示其风险变动信息。

持有至到期投资是指打算将购买的债券一直持有至到期日而不提前出售。对这类债券投资的计量按成本法进行：购进时，买价和交易时的相关费用计入成本，收到的利息计入当期损益，期末市价的变动不反映。由于持有至到期投资是准备长期持有并能收回本金的，市价的变动对它不会产生太大的影响。

可供出售金融资产是介于交易性金融资产和持有至到期投资之间的，它的核算也就是上述两种债券投资处理的结合：购进时，买价和交易时的相关费用计入成本，收到的利息计入当期损益，期末市价的变动计入所有者权益（“资本公积”科目）。由于可供出售金融资产不准备持有至到期，市价的变动对它有影响，但影响又没有对交易性金融资产那么明显，所以债券期末价格变动不直接计入利润表，而是计入资产负债表。

掌握长期股权投资的成本法与权益法：企业持股比例在20%以上的股票投资，使用权益法进行核算；持股小于20%的，无法找到市场报价并且公允价值不能确定的股票投资，使用成本法进行核算。成本法与可供出售股票核算的区别是期末不对账面价值进行调整，其他方面基本相同。权益法同成本法相比，初始投资成本的确认是相同的，不同的是：成本法下，投资者只有收到或确定收到股利时确认投资收益；而权益法下，投资者按比例享有（或承担）被投资者的盈利（或亏损），根据被投资者的盈亏，一方面调整股权投资的账面价值，另一方面确认投资损益，股利的分配则冲减长期股权投资成本。

思考题

一、多选题

1. 下列属于固定资产的项目有（　　）。

A. 土地　　B. 土地使用权　　C. 周转材料　　D. 设备

2. 下列属于无形资产的项目有（　　）。

A. 土地　　B. 土地使用权　　C. 专利权　　D. 非专利技术

3. 购入固定资产的初始成本中包括（　　）。

A. 买价　　B. 关税　　C. 安装费用　　D. 途中坏损

4. 自制固定资产的成本项目中包括（　　）。

A. 人工费用　　B. 材料费用　　C. 管理费用　　D. 制造费用

5. 影响固定资产折旧的因素有（　　）。

A. 折旧基础　　B. 折旧年限

C. 折旧方法　　D. 预计清理费用

6. 影响固定资产折旧年限的因素包括（　　）。

A. 固定资产物理寿命

B. 固定资产经济寿命

C. 固定资产生产产品的市场销路发生变化

D. 折旧方法

7. 影响无形资产摊销年限的因素有（　　）。

A. 无形资产法定保护年限　　B. 合同约定年限

C. 经济寿命年限　　D. 摊销方法

8. 对外投资主要基于以下目的（　　）。

A. 理财　　B. 影响对方经营决策

C. 控制对方经营决策　　D. 规避对内投资风险

9. 按持有证券的目的可将对外投资分为（　　）。

A. 交易性金融资产　　B. 持有至到期投资

C. 短期投资　　D. 长期投资

10. 交易性金融资产与持有至到期投资会计处理的主要区别体现在（　　）。

A. 持有时间长短不同　　B. 计量标准不同

C. 交易费用的处理不同　　D. 会计报表中的列示不同

二、判断题

1. 自行研发的无形资产中的研究支出之所以费用化，是因为所发生的相关支出的成本不能够可靠计量。（　　）

2. 累计折旧是出于重新购买固定资产的目的而累积的一笔现金。（　　）

3. 折旧是某一特定时期内固定资产价值发生的损失。（　　）

4. 加速折旧是为了少交纳税金。（　　）

5. 土地之所以不计提折旧是因为无法确定其使用年限。（　　）

6. 固定资产清理的借方发生额表示清理中支付的清理费用、税金和结转的净值；贷方表示清理中收到的变卖收入；贷方余额表示变卖产生的盈余，借方余额表示变动产生的亏损。（　　）

7. 交易性金融资产按公允价值计价，并将市价与其账面价值的差额计入当期损益，

是为了更好地揭示其流动风险。( )

8. 对外投资所发生的交易费用是指证券交易中支付的相关税费，如印花税和佣金，交易费用计入证券投资的初始成本中。( )

9. 持股小于 20%，无法找到市价并且其公允价值不能确定的股票投资，使用成本法进行核算。( )

10. 权益法之所以按比例享有或承担被投资方的盈亏，是由于持股比例超过 20% 后，能对被投资方的经营决策产生重大影响。( )

11. 土地使用权用于自行开发建造厂房等地上建筑物时，土地使用权的账面价值与地上建筑物合并计算其成本，计入建筑物成本中。( )

三、简答题

1. 简述企业为何进行对外投资。

2. 分别阐述固定资产、无形资产、对外投资的业务流程与会计信息处理系统。

3. 区分资本化与收益化，并简要举例说明。

4. 区分折旧、摊销和折耗。

5. 说出 3 种无形资产的名称，并对这些无形资产进行描述。

6. 主要的折旧方法有哪些？这些折旧方法与企业的净利润、现金流量的关系如何？

7. 债券投资分为交易性金融资产、可供出售金融资产和持有至到期投资的标准是什么？阐述每类投资的核算要求。

8. 区分长期股权投资核算的成本法与权益法。

练习题

一、(固定资产的购置) 南方公司 2008 年 3 月购进一台国产机床，买价为 680 000 元，增值税率为 17%，运输、装卸费 5 800 元，安装费 4 750 元。途中由于运输公司的原因造成局部损坏，重新购置一零部件 2 000 元，从支付的运输费中扣减。由于国家鼓励购买国产设备，增值税已全额退还。该设备已调试完毕。

要求：登记固定资产购置的会计分录。

二、(长期资产的兴建与研发) 南方公司 2008 年全年发生如下与固定资产兴建、无形资产研发的经济业务：

1. 1 月，研发部门购入某项专用设备一台 780 000 元（含增值税），预计无残值，使用期为 5 年，从下月起开始计提折旧。同时购进实验用材料 50 000 元（含增值税）。上述货款均已支付。设备与材料全部用于某项新产品专利技术的研究开发。

2. 1 月，公司正式启动一条新产品生产线的建设工程，该生产线主要由 3 台主要设备组成。前期基础工程建设期为 10 个月，设备安装调试期为 2 个月。当即购买专用物资 450 000 元，增值税率为 17%。货税款未付。

3. 1 月，借入工程专项款 2 000 000 元，借期 1 年，年利率 5.8%。随即支付工程物资价税款。

4. 6月底，实验共领用材料 30 000 元。6 月底后，该产品专利技术研发进入开发阶段。

5. 7月，研发部门领用材料 20 000 元。

6. 交纳 3 台设备定金 150 000 元。

7. 10 月，生产线基础工程全部完工，本年所购专用物资全部投入使用。

8. 11 月初，3 台设备全部验收合格，支付设备余款 1 050 000 元，另外按 17% 支付增值税。设备进入安装调试阶段。

9. 共支付安装费 40 000 元。

10. 产品生产设备调试完毕，共支付相关费用 15 000 元。新产品技术经有关专家审核后，向专利部门申请专利获得批准，共支付相关费用 48 000 元。

11. 登记全年应付工程人员工资 420 000 元，研究人员工资 250 000 元，管理人员工资 150 000 元。

12. 全年共发生辅助费用 580 000 元，由生产、工程和研发 3 个部门共同分担，分摊的比例为 50%、40% 和 10%。

要求：

1. 登记上述业务的会计分录。

2. 计算并登记固定资产和无形资产的成本。

三、（折旧）南方公司 2008 年年初购买一台设备。总价值 800 000 元（含增值税），预计净残值率为 5%，预计使用年限为 8 年，该设备预计加工的产品总量为 76 000 件，并假定设备投入使用的前三年的实际产量分别为 8 000 件、8 500 件和 9 000 件。

要求：运用直线法和加速折旧法（双倍余额递减法）求各年应计提折旧；运用产量法计算前三年的折旧额。

四、（固定资产处置）承上题。假定南方公司购买的设备五年半后由于产品销路问题进行变卖，变卖的收入为 120 000 元，相关税费为 8 000 元。

要求：

1. 假定南方公司按直线法计提折旧，登记该设备处置的会计分录。

2. 假定南方公司按双倍余额递减法计提折旧，登记该设备处置的会计分录。

五、（无形资产取得、摊销与处置）南方公司与某公司签订一项非专利技术转让合同，取得该项技术使用权，预计该技术有效使用寿命为 10 年，转让费 285 000 元，另支付相关税费 44 650 元。五年后，将该专利技术以 180 000 元转让。

要求：登记该无形资产相关会计分录。

六、（交易性金融资产）南方公司 2008 年 1 月 1 日以闲置资金购买万盛公司债券 288 000 元，相关税费 576 元；购买兴达公司股票 1 000 手，每股市价 11.8 元，相关税费

2 360 元，6 月 1 日，收到兴达公司每股 0.1 元的现金股利。6 月 30 日，万盛公司债券市价为 278 000 元，兴达公司股票为每股 12.5 元。7 月 31 日，南方公司由于急需资金，将手中的债券与股票全部出售，债券售价为 286 000 元，交易费用为 572 元，股票售价为每股 11.6 元，交易费用为 2 320 元。

要求：登记相关会计分录。

七、(可供出售金融资产) 南方公司 2008 年 1 月 1 日购买青山公司发行的债券 2 560 000 元（该债券账面价值为 2 500 000 元，票面利率 6.8%，发行期为 5 年，到期一次还本付息）。相关税费 5 000 元。对该债券，南方公司不打算随时出售，也不打算持有至到期日。2008 年、2009 年年末，该债券市价分别为 2 726 000 元和 2 881 000 元。2010 年 6 月 30 日，南方公司以 2 952 000 元出售，交易费用为 5 900 元。

要求：登记购进、年末计息、摊销和市价调整、出售等环节的会计分录。

（提示：一次还本付息债券的应收利息计入可供出售金融资产成本。期末账面价值包括应计利息。摊销采用直线法）

八、(持有至到期投资) 承上题。假定南方公司计划持有该债券至到期日。到期日，南方公司收回本金和利息。

要求：登记购进、年末计息、摊销、到期收回本息等环节的会计分录。

九、(成本法与权益法) 南方公司 2008 年 4 月 1 日以 7 500 000 元购买江陵公司 20% 的股票（不考虑相关税费），2008 年 12 月，江陵公司宣布本年实现净利润 1 500 000 元，2009 年 4 月 1 日，宣布发放现金股利 700 000 元，5 月 1 日，实际支付股利。2009 年末，江陵公司宣布亏损 1 000 000 元。

要求：同时用成本法和权益法核算南方公司对江陵公司的长期股权投资。

（提示：按权益法，投资方分享或承担对方实现的盈亏确认投资损益，应以实际持有对方股权的期间为基础进行计算）

案例分析

厦航利润之谜

两个不同的股东对同一被投资者净利润和净资产的认定应该是同样的数据，但是，南方航空（600029）和厦门建发（600153）两大股东对同一被投资方——厦门航空有限公司上述两个指标的披露却差异悬殊。

厦门航空有限公司（以下简称“厦航”）成立于 1984 年 7 月 25 日，是我国改革开放初期成立的第一家股份制航空公司（非上市公司），现股东为中国南方航空股份有限公司（以下简称“南航”），占 60% 股权；厦门建发股份有限公司（以下简称“厦门建发”），股权为 40%。南航与厦门建发均为上市公司。根据南航 2003 年 7 月公布的招股说明书，厦航 2002 年实现净利润 4.4 亿元，截至 2002 年 12 月 31 日的净资产为 28.7 亿元。2003

年6月，厦门建发以5.76亿元将其拥有股权特让给其大股东厦门建发集团（以下简称“建发集团”）。根据厦门建发公布的财务数据，厦航2002年实现净利润0.78亿元，截至2002年12月31日的净资产为12亿元。如同变魔术一样，两大股东披露的同一子公司同一会计年度的净利润竟相差3.62亿元，而截至同一时点的净资产相差达16.7亿元。

南航是一家香港上市公司，2003年又成功在国内A股上市。根据相关规定，在国内上市必须满足上市前连续三年盈利的条件。2003年中国遭遇“非典”，航空业整体业绩下滑，南航上市后，迫切希望上市后的第一年的业绩有个开门红。而同一年，厦门建发却将厦航转手，出让给自己的大股东建发集团。因此，就出现了两大股东对同一被投资方披露的净利润和净资产一高一低的现象，正所谓各取所需。问题是，同一公司，如何产生两个结果？

南航编制会计报表所采用的会计政策，是依据当时执行的财政部发布的《企业会计准则》（即2006年前颁布的准则）、《企业会计制度》（2000）及其补充规定和相关具体会计准则规定，即飞机折旧的核算是以其原值减去28.75%预计残值后，按10～15年的预计可使用年限以直线法计提折旧，年折旧率为4.75%。而厦航编制会计报表所采用的主要会计政策，是依据《企业会计准则》及《运输（民用航空）企业会计制度》，采取加速折旧法，折旧年限为8～10年，残值率为3%，年折旧率为9.7%～12.1%，比南航现行计提的折旧要高得多。显然，南航在编制合并会计报表时已按其编制会计报表的会计政策对厦航的财务报表进行了调整，使得厦航2002年净利润从0.78亿元变更为4.4亿元，年末净资产从12亿元变更为28.7亿元，2003年的净利润及年末净资产依此同样进行了大幅度上调。

然而，依照厦门建发的解释，厦航是从稳健经营的角度出发，采取加速折旧法，选择飞机折旧年限为10年，遵循的是民航总局和财政部的折旧政策。同时指出，厦门建发当时并非厦航控股股东，仅按权益法计算对厦航的投资收益；但厦门建发并不从事航空业，没有充分理由调整厦航的会计政策，也不可能对厦航数据进行再判断，因此基本尊重厦航管理当局对财务数据的判断。

[崔学刚，岳虹．“会计魔术”挑战会计规范的有效性——来自厦航利润之争案的启示．财务与会计，2005（6）：18～20]

问题：

1. 南航、厦门建发、厦航三家的会计处理存在什么问题？正确的做法是什么？
2. 南航和厦门建发对厦航会计利润的核算一高一低，各自的动机是什么？
3. 根据最新的会计准则，还会出现这样的情况吗？

第八章　负　债

本章结构

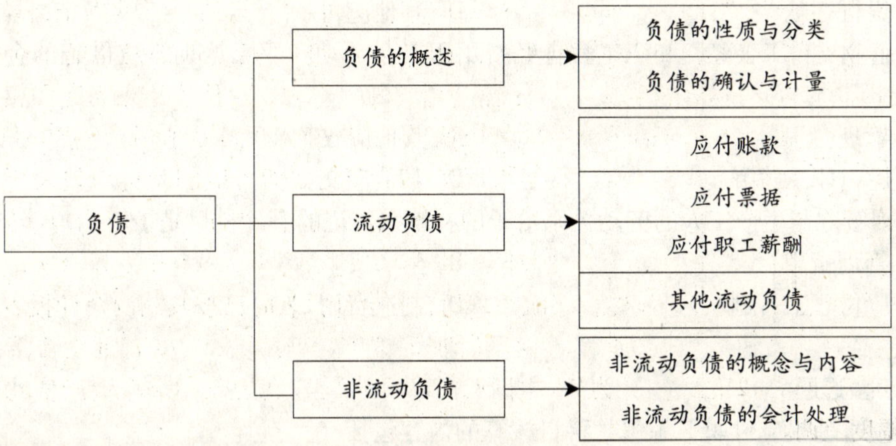

本章概念

负债　流动负债　非流动负债　短期借款　长期借款　应付账款　应付票据　预收账款　应付职工薪酬　应付债券　长期应付款

本章小结

本章论述了负债的基本概念、负债的分类及负债的确认与计量。负债按其偿还期限可分为流动负债和非流动负债。本章重点介绍了应付账款、应付票据、应付职工薪酬的会计处理，对其他各种流动负债只作了简要说明。

本章还对非流动负债作了阐述。非流动负债包括长期借款、应付债券和长期应付款，并举例介绍了非流动负债的会计处理。

思考题

一、单选题

1. 按照《企业会计准则第 9 号——职工薪酬》的规定，职工薪酬不包括的内容有(　　)。

A. 医疗保险费等社会保险费　　　　B. 住房公积金

C. 工会经费和职工教育经费　　D. 以股份为基础的薪酬

2. 非货币性薪酬主要为非货币性福利，通常不包括的内容有（　　）。

A. 企业以自己的产品发放给职工作为福利

B. 向职工无偿提供自己拥有的住房等固定资产使用

C. 为职工无偿提供类似医疗保健等服务

D. 向社会保险经办机构交纳的养老保险费

3. 企业从应付职工薪酬中扣还的个人所得税，贷记的会计科目是（　　）。

A. 其他应收款　　B. 应交税费——应交个人所得税

C. 银行存款　　D. 其他应付款

4. 企业支付工会经费和职工教育经费用于工会活动和职工培训，应借记的会计科目是（　　）。

A. 管理费用　　B. 其他应收款

C. 应付职工薪酬　　D. 其他应交款

5. 因解除与生产工人的劳动关系给予的补偿，借记的会计科目是（　　）。

A. 管理费用　　B. 生产成本

C. 应付职工薪酬　　D. 制造费用

二、多选题

1. 应通过“应付职工薪酬”科目核算的内容包括（　　）。

A. 职工福利费

B. 工伤保险费和生育保险费等社会保险费

C. 住房公积金

D. 工会经费和职工教育经费

E. 因解除与职工的劳动关系给予的补偿

2. 对于预收账款的核算，下列正确的是（　　）。

A. 计入“预收账款”的借方　　B. 计入“预收账款”的贷方

C. 计入“应收账款”的借方　　D. 计入“应收账款”的贷方

3. 下列关于公司债券的说法，正确的是（　　）。

A. 公司债券与股票一样，都是标明票面金额、还未付息日期的有价证券

B. 经公司董事会批准，公司发行债券募集的资金可用于弥补亏损

C. 折价发行债券表明企业以后各期将少付利息而预先给投资者补偿

D. 溢价发行债券表明企业以后各期需多付利息而事先得到补偿

4. 下列通过“其他应付款”核算的业务包括（　　）。

A. 应付分期付息债券利息　　B. 存入保证金

C. 应付租入包装物租金　　D. 售后回购方式融入资金

E. 应付经营性租入固定资产的租金

5. 应通过“长期应付款”科目核算的经济业务有（　　）。

A. 以分期付款方式购入固定资产发生的应付款

B. 以分期付款方式购入无形资产发生的应付款

C. 以分期付款方式购入存货发生的应付款

D. 应付融资租入固定资产的租赁费

E. 应付经营租入固定资产的租赁费

三、判断题

1. 职工薪酬，是指企业在职工在职期间和离职后提供给职工的全部货币性薪酬和非货币性薪酬，既包括提供给职工本人的薪酬，也包括提供给职工配偶、子女或其他被赡养人的福利等。(　)

2. 企业如有将应付账款划转出去或者确实无法支付的应付账款，将其账面余额转入"资本公积——其他资本公积"科目。(　　)

3. 非货币性福利属于《企业会计准则第 9 号——职工薪酬》规范的内容，因此核算时应通过"应付职工薪酬"科目核算。(　　)

4. 企业为职工交纳的医疗保险费、养老保险费、失业保险费、工伤保险费、生育保险费等社会保险费和住房公积金，应当在职工为其提供服务的会计期间，根据工资总额的一定比例计算，计入资产成本或当期损益。(　　)

5. 非货币性薪酬主要为非货币性福利，通常包括企业以自己的产品或其他有形资产发放给职工作为福利，但不包括向职工无偿提供自己拥有的资产供其使用、为职工无偿提供类似医疗保健服务等。(　　)

6. 因解除与职工的劳动关系而给予的补偿，借记"管理费用"科目，贷记"应付职工薪酬"科目。(　　)

7. 企业在采购材料物资时，对于先收到材料物资而月末尚未收到发票账单的情况，按会计制度规定在月度终了将所购物资的应付债务估价记入"应付账款"科目，下月初红字冲回。(　　)

四、简答题

1. 简述企业负债形成的主要原因。

2. 什么叫短期负债？其特点及分类是什么？

3. 简述非流动负债的概念和特点，以及非流动负债与权益的区别。

4. 如何对一个企业的财务风险进行合理的评价？

练习题

一、W 公司 2007 年有关职工薪酬业务如下：

1. 按照工资总额的标准分配工资费用，其中生产工人薪酬为 50 万元，总部管理人员薪酬为 16 万元。已通过银行支付。

2. 按照国家规定的标准计提应向社会保险经办机构交纳的医疗保险费、养老保险费、失业保险费、工伤保险费、生育保险费等社会保险费，其中生产工人负担 8 万元，总部管理人员负担2万元。以银行存款应向社会保险经办机构缴纳社会保险费10万元。

3. 按照规定标准计提应向住房公积金管理中心缴存的住房公积金，其中生产工人负担3万元，总部管理人员负担0.2万元。

4. 按照工资总额的2%计提应向工会部门缴纳的工会经费。

5. 将自己生产的笔记本电脑产品用于发放给职工作为福利，每件产品成本为1.8万元，计税价格（售价）每件产品为2万元，其中生产工人为100人，总部管理人员20人。

6. 为总部部门经理级别以上职工每人提供一辆桑塔纳汽车免费使用，该公司总部共有部门经理以上职工10名，假定每辆桑塔纳汽车每月计提折旧0.2万元。

7. 该公司为6名副总裁以上高级管理人员每人租赁一套公寓免费使用，每套月租金为2万元，按月以银行存款支付。

8. W公司管理层2007年1月1日决定停产某车间的生产任务，提出职工没有选择权的辞退计划，规定拟辞退生产工人2人、总部管理人员1人，并于2007年10月31日执行。已经通知本人，并经董事会批准，辞退补偿为生产工人每人20万元、总部管理人员每人50万元。

要求：根据以上资料编制会计分录。

二、A公司于2007年4月1日发行公司债券一批，面值为1 000万元，发行价格为1 060万元，3年期，票面利率为5%，每年付息一次，到期一次还本并支付最后一期利息，付息日为4月1日。另，发行费用为3.43万元，实际收到发行价款1 056.57万元存入银行。A公司12月31日计息并摊销。

要求：

1. 计算A公司债券实际利率r。

2. 编制发行日的会计分录。

3. 采用实际利率法计算有关应付债券的利息费用，并编制会计分录。

三、W企业2008年1月1日向银行借入120 000元，期限9个月，年利率8%。该借款到期后按期如数归还，利息分月预提，按季支付。

要求：编制借入款项、按月预提利息、按季支付利息和到期时归还本金的会计分录。

案例分析

承导言。由于钛白粉装置还不够完善和当时缺乏流动资金及与英国ICI公司合资谈判的需要，重庆渝港钛白粉股份有限公司（以下简称“渝钛白”）自1996年3月起停产整改，直至1997年9月开始批量生产。1997年度共生产出1 680吨钛白粉。

注册会计师在审计中发现并认为，从该事项的经济实质来看，工程既已投入使用，而且能够生产合格产品，创造效益，说明该工程已经达到预定可使用状态；而1997年发生的借款利息及应付债券利息8 064万元，渝钛白将其资本化计入了钛白粉工程成本，应调整计入财务费用。而渝钛白则认为，钛白粉工程项目不同于一般的基建项目。一方面，钛白粉这种基础化工产品不同于普通商品，对各项技术指标的要求非常严格，需要通过反复试生产，逐步调整质量、消耗等指标，直到生产出合格的产品才能投放市场，而试生产期间的试产品性能不稳定，是不能投放市场的；另一方面，原料的腐蚀性很强，如生产钛白粉的主要原料是硫酸，一旦停工，就会淤积于管道、容器中，再次开产前，就必须进行彻底的清洗、维护，并调试设备。因此，钛白粉项目交付使用进入投资回报期、产生效益前，还有一个过渡期，即整改和试生产期间，这仍属于工程在建期。因此，项目建设期的借款利息及应付债券利息 8 064 万元理应资本化计入钛白粉工程成本。

问题：

1. 公司筹集资金的主要渠道有哪些？各有什么优缺点？
2. 注册会计师为何认为 8 064 万元利息不能计入钛白粉工程成本，而应该计入财务费用？

第九章　流转税与所得税

本章结构

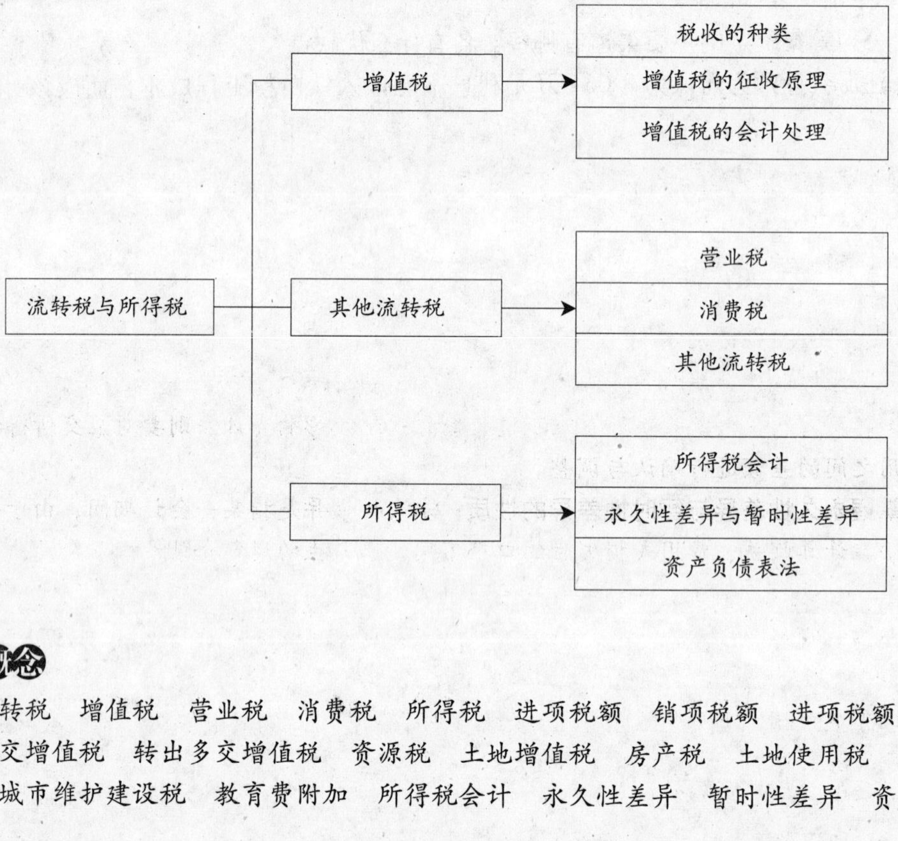

本章概念

流转税　增值税　营业税　消费税　所得税　进项税额　销项税额　进项税额转出　转出未交增值税　转出多交增值税　资源税　土地增值税　房产税　土地使用税　车船使用税　城市维护建设税　教育费附加　所得税会计　永久性差异　暂时性差异　资产负债表法

本章小结

理解增值税的征收原理：我国目前征收的增值税有三个特点，一是实行消费型增值税，对货物实行按增值额征税，销售货物中的销项税额在抵扣购进货物中的进项税额后为本期实际应交增值税，但固定资产中属于不动产的进项税额不允许抵扣。价外税是增值税的第二个特点，即商品价款与税款是分开的，价款中不包括增值税款。增值税的第三个特点为代收代缴性质，在销售环节，销货方从购货方手中收取税款，抵扣企业在购货环节缴纳的增值税后向国家缴纳。

掌握增值税的会计处理：增值税的会计核算，一般在“应交税费”科目下设置“应交增值税”和“未交增值税”两个明细科目进行核算。“应交增值税”明细科目的借方发生额，反映企业购进货物或接受劳务支付的进项税额、实际已交纳的增值税和月末转出的当月应交未交的增值税额；贷方发生额，反映销售货物或提供应税劳务收取的销项税额、出口企业收到的出口退税、进项税额转出和转出多交增值税额。“未交增值税”明细科目的借方发生额，反映企业月末转入的多交的增值税；贷方发生额，反映企业月末转入的当月发生的应交未交增值税；期末借方余额反映多交的增值税，贷方余额反映未交的增值税。

掌握其他流转税的会计处理：与增值税相比，其他流转税大多属于价内税，即营业额和商品销售额中包括相应的税款。计税基础为整个营业额或销售额。在确认应交营业税等税收义务时，一方面登记资产负债表项目“应交税费——应交营业税”等，另一方面登记利润表项目“营业税金及附加”、“其他业务支出”、“营业外支出”和“管理费用”等项目。

理解所得税会计的实质：所得税是企业按利润（所得额）基础上交的税收。税法对企业所得的计算与会计对企业所得的计算的不同催生了所得税会计。所得税会计的基本内容就是对两者之间的差异进行调整和分摊。会计所计算的所得就是利润表中的利润总额（简称会计所得），会计所得主要是依据权责发生制原则来计算的。税法上所计算的应纳税所得额（简称应税所得），基本上是依据收付实现制来计算的。所得税会计处理有两种方法：一是应付税款法；一是纳税影响会计法。应付税款法不对两者之间的差异进行调整或分摊，所得税费用就按实际应纳税进行登记；纳税影响会计法则要对应交所得税与所得税费用之间的差额进行确认与调整。

掌握永久性差异与暂时性差异的性质：永久性差异是指某一会计期间，由于会计准则和税法在计算收益、费用或损失时的口径不同，所产生的税前会计利润与应纳税所得额之间的差异。这种差异在本期发生，不会在以后各期转回。暂时性差异是指由于税法与会计准则在确认收益、费用或损失的时间不同而产生的税前会计利润与应纳税所得额的差异。这一差异发生于某一会计期间，但在以后一期或若干期内能够转回。

理解资产负债表法：资产负债表法是直接按对每一个资产与负债项目的税法和会计核算之间的差异进行比较。资产与负债在会计和税法上的差异分为应纳税暂时性差异和可抵扣暂时性差异。应纳税暂时性差异，是指在确定未来收回资产或清偿负债期间的应纳税所得额时，将导致应税金额的暂时性差异，应纳税暂时性差异形成递延所得税负债；可抵扣暂时性差异，是指在确定未来收回资产或清偿负债期间的应纳税所得额时，将导致可抵扣金额的暂时性差异，可抵扣暂时性差异形成递延所得税资产。以此为基础，所得税会计对这些暂时性差异进行调整。

掌握所得税会计的基本处理流程：资产负债表法一般在资产负债表日进行相应的所得税会计处理，资产负债表法的基本核算程序如下：

（1）确定资产、负债的账面价值；

（2）确定资产、负债的计税基础；

（3）比较资产、负债账面价值与计税基础，确定暂时性差异；

（4）确认本期递延所得税资产与负债（先根据期末资产、负债账面价值与计税基础比较形成的暂时性差异乘税率，然后减去期初相应递延所得税资产与负债的金额，即为本期递延所得税资产与负债）；

（5）计算应交所得税；

（6）计算所得税费用。

思考题

一、多选题

1. 不通过“营业税金及附加”核算的税金是（　　）。

A. 增值税　　B. 营业税　　C. 所得税　　D. 土地使用税

2. 下列属于价外征收的税收有（　　）。

A. 增值税　　B. 营业税　　C. 消费税　　D. 所得税

3. 以下属于增加当期应交增值税的项目有（　　）。

A. 进项税额　　B. 已交税金

C. 减免税额　　D. 进项税额转出

4. 税收一方面形成企业的负债，另一方面可登记为（　　）。

A. 长期资产　　B. 存货

C. 所得税费用　　D. 管理费用

5. 应交增值税月末实行综合结转，从“应交增值税”明细账转入“未交增值税”明细账，转出时，对应的会计科目为（　　）。

A. 已交税金　　B. 进项税额转出

C. 转出多交增值税　　D. 转出未交增值税

6. 下列属于永久性差异的项目有（　　）。

A. 国债利息收入　　B. 非公益性捐赠

C. 预计负债登记的费用项目　　D. 按权益法登记的投资收益

二、判断题

1. 某产品销售价款为100 000元，增值税为17 000元，购买方应支付的金额为117 000元。（　　）

2. 某产品销售价款为100 000元，增值税为17 000元，消费税为10 000元，购买方应支付的金额为127 000元。（　　）

3. 企业发生销售业务时，登记“应交税费——应交增值税（销项税额）”的贷方，企业实际缴纳增值税时，则登记该账户的借方。（　　）

4. 营业税是以企业提供劳务、转让无形资产或销售不动产向对方收取的全部价款为征税基础的，其中不包括向对方收取的价外费用，如手续费。（　　）

5. 征收消费税的产品免征增值税。（　　）

6. 城市维护建设税和教育费附加是根据企业当期实际应交的增值税、营业税和消费税为基础征收的。（　　）

7. 资产的账面价值大于其计税基础时，就会产生应纳税暂时性差异，这一差异与税率的乘积形成递延所得税负债。(　　)

三、简答题

1. 简述税收的种类及会计信息处理过程。
2. 增值税的特点有哪些？指出增值税会计核算的特点。
3. 阐述营业税、消费税的征税基础及会计核算科目的运用。
4. 何谓所得税会计的资产负债表法？简述这一方法的核算程序。
5. 区分应付税款法与纳税影响会计法。

练习题

一、(流转税)南方公司2008年7月初“应交税费——未交增值税”余额为50 000元，增值税率为17%，城市维护建设税和教育费附加征收率分别为7%和3%。与流转税相关的经济业务如下：

1. 购进原材料一批，价款500 000元，价税款未付。
2. 以银行存款支付月初未交增值税。
3. 购进工程用物资一批，价税款共计2 340 000元，货款已付。
4. 购置设备一台，价款1 000 000元，增值税170 000元，款未付。
5. 工程建设领用专用物资1 404 000元和原材料300 000元。
6. 本月销售商品一批，发票价格2 500 000元，款未收回。
7. 购买农业产品一批500 000元，免税农产品的抵扣率为13%，货款已付。
8. 本月销售应税消费商品一批，发票价格500 000元，消费税率为13%，款未收回。
9. 本月工程完工，剩余工程物资转为原材料。
10. 本月向某公司提供劳务取得收入650 000元，另收到手续费50 000元，款已存入银行，营业税率为5%。

要求：

1. 登记上述经济业务会计分录。
2. 登记“应交税费”和“应交税费——应交增值税”T形账。
3. 计算并登记城市维护建设税和教育费附加。

二、(所得税)南方公司2008年、2009年税前会计利润均为2 000 000元。其中2008年会计利润包括企业因延迟纳税的罚金20 000元。2007年12月购入一台设备（设备原价1 000 000元，使用期5年，无残值），会计上按双倍余额法计提折旧，税法规定企业只能按直线法计提折旧。此外，2008年公司购入一批交易性股票，账面成本为100 000元，2008年市价为120 000元，2009年该批股票已出售。公司所得税率为25%，2008年年初递延所得税资产与递延所得税负债的余额为零。

要求：按应付税款法和资产负债表法登记南方公司2008年、2009年所得税的会计处理。

案例分析

营业利润还是特许权使用费
——ABC卫星公司税收诉讼案

本案例涉及三方当事人：美国ABC卫星公司、某电视台及主管税务稽查局。

1996年4月3日，该电视台与美国ABC卫星公司签订数字压缩电视全时卫星传送服务协议，该协议有效期至2006年6月30日。1997年10月19日双方对协议的部分条款进行了修改并签订修正案。根据协议及修正案规定，ABC卫星公司向该电视台提供全时的、固定期限的、不可再转让（除优先单独决定权外）的压缩数字视频服务，提供27MHz带宽和由相关功率所组成的转发器包括地面设备。ABC卫星公司只传送该电视台的电视信号，该电视台可以自己使用，也可以允许中国省级以上的广播电视台使用其未使用的部分。在ABC提前许可下，该电视台也可以允许非中国法人的广播电视台使用其未使用的部分来传送电视信号。

协议还规定：①电视台支付季度服务费和设备费；②订金（此订金用于支付服务期限的头三个月和最后一个月的服务费）；③为确保电视台向ABC卫星公司支付服务费和设备费，电视台将于1996年5月3日向ABC卫星公司支付近200万美元的保证金，保证金将在协议最后服务费到期时使用。

协议签订后，电视台按约定向ABC卫星公司支付了订金和保证金，此后定期向ABC卫星公司支付季度服务费和设备费，总计约2 200万美元。1999年1月，主管税务稽查局向该电视台发出001号通知，要求该电视台对上述费用缴纳相应税款。ABC卫星公司对此不服，向税务局对外分局提出复议申请，并按包括订金和保证金在内的收入总额的7%缴纳了税款，合计约150万美元。

同年8月，对外分局作出维持001号通知的行政复议决定。ABC卫星公司据此向当地中级人民法院提起行政诉讼。2001年12月20日，中级人民法院判定维持税务局对外分局对该电视台发出的319号“关于对电视台与ABC卫星公司签署‘数字压缩电视全时卫星传送服务协议’所支付的费用代扣代缴预提所得税的通知”，同时驳回ABC卫星公司的诉讼请求。

双方的争端焦点在于是否该由我国税务当局向ABC卫星公司征收预提所得税。这一分歧源于双方对电视台向ABC支付的费用性质的认定不同。ABC卫星公司认为该收入属于营业利润，我国税务当局认为该收入属于特许权使用费。

后来，ABC卫星公司向当地高级人民法院提起诉讼，高级人民法院经过审理后，最终维持原判。

[刘怡，林劼．ABC卫星公司税收案例分析．涉外税务，2003（1）：51~54]

问题：

1. 一国在其他国家或地区从事跨国经营，相关税务是依据所在国的税务规定还是依据母国的税务规定？

2. 指出特许经营和主营业务的区别，ABC卫星公司的收费是特许经营费还是营业利润？请说明理由。

3. 如果企业出现了税务纠纷，应该如何进行处理？

第十章　所有者权益

本章结构

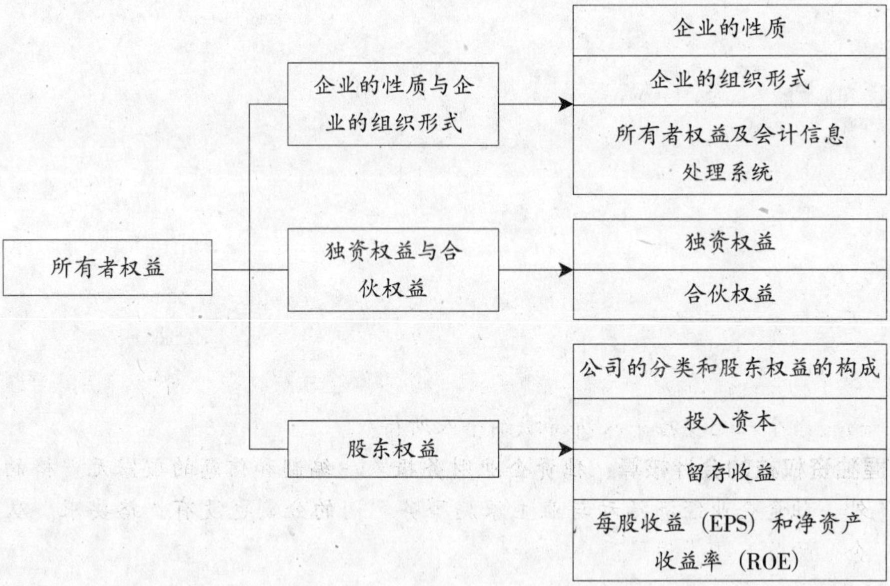

本章概念

负债　所有者权益　固定回报　剩余分享　剩余控制权　企业所有权　独资企业　合伙企业　法人企业　股份有限公司　有限责任公司　独资权益　合伙权益　合伙协议　入伙　退伙　合伙损益分配　股东权益　投入资本　股本　资本公积　留存收益　盈余公积　利润分配　每股收益　净资产收益率

本章小结

理解企业的性质：企业的资产实际上是归属于债权人和投资者的。但债权人和投资者承担的责任和分享的收益不同：债权人的本金是需要按期偿还的，回报是固定的并且需要在企业的盈利中首先支付；投资人的投资没有退还的要求，投资回报是在企业剩余收益中支付的。由此可以看出，当企业的盈利不确定时（企业的盈利通常是不确定的），投资者承担了大部分的风险。所以，一般而言，企业是投资者的。从企业理论的角度分析，谁享有剩余分享权，谁就拥有剩余控制权，一个拥有企业剩余分享权和剩余控制权的人，就是企业的所有者。当投资者享有剩余分享权时，投资者就成为企业的所有者，同时，投资者也就变成企业的控制人。需要说明的是，投资者是企业的所有者这一论断不是绝对的，当企业因不能支付到期债务而面临破产时，企业的控制权就从投资人转移到债权人的手中。但当我们假设企业处于持续经营的状态时，企业就是投资人的。

了解企业的组织形式及其特点：现代企业的主要组织形式有三种：独资企业、合伙企业以及法人企业。独资企业指只有一个所有者的企业。业主对企业进行单独投资经营，对企业的盈亏负完全责任。同时，业主拥有企业的全部资产，对企业的债务负连带责任。独资企业可以通过银行或其他个人取得借款，但不能对外发行债券或股票。独资企业不需缴纳企业所得税，业主就企业利润与个人其他所得一起缴纳个人所得税。合伙企业的人数应在两人以上。合伙人对企业共同进行投资与经营，对于企业的盈亏按照各合伙人的投资比例或合伙协议中规定的比例进行分配。当企业资不抵债时，各合伙人对企业的债务同样负有无限连带责任。合伙企业不需缴纳企业所得税。法人企业是指具有永久存续权的法人实体。公司制企业是法人企业的主要形式。公司制的业主称为股东。公司制企业又分为股份有限公司和有限责任公司。股份有限公司的资本被划分成若干等份，每一份为一股。股东对企业的投资形式是购买公司的股票。每股股票金额相等，持有等份股票的股东在公司内享有同等的权益，即同股同权。公司的利润分配以股为单位，持有等份股票的股东在公司内享有同等的收益，即同股同利。股东对公司的债务责任以其投资的股份为限。与独资企业和合伙企业相比，股份制企业除具有承担有限责任、永续存在的特点外，还可以对外发行股票和债券筹集大量资金，便于迅速扩大规模，把握市场机会。同时，公司要缴纳公司所得税，而股东个人还要按个人所得缴纳个人所得税。

掌握独资权益的会计核算：独资企业财务报表的编制和信息的披露无严格的规定和限制。另外，独资企业经济活动与业主家庭事务之间的分割也没有严格要求。从理论上讲，独资企业的收入与费用等同于业主个人的收入与费用，净利润直接表现为业主资本的增加，亏损则体现为业主净资产的减少。在所有者权益的核算中，使用资本一个科目就可以完成所有核算工作。但是为了使企业经营成果的影响能独立反映出来，使企业经营与家庭事务分离开来，在独资会计的核算中，需要在资本账户下设置“业主投资”、“业主提款”、“利润（亏损）结转”三个明细账户。

掌握合伙权益的会计核算：与独资企业相比，合伙企业经济活动与家庭事务要有明确的分界，资本账户要按合伙人分别设置，同时增加了损益分配的账务处理。合伙企业的财务报告主要是满足三类人的需要：合伙人、合伙债权人和税务部门。合伙人一般可随时查询企业的账簿和报表；合伙企业向银行或其他金融部门申请贷款时，需要提供相关财务报表；税务部门在检查每一个合伙人的个人所得时，也需要查阅合伙企业的财务资料。通常合伙企业权益账户除了按合伙人设置资本账户外，在每一个合伙人名下再设置三个明细账：合伙人投资、合伙人提款和利润（或亏损）结转。

了解公司的分类和股东权益的构成：按大陆法系的分类方法，公司可分为四种类型：无限公司、两合公司、有限责任公司和股份有限公司。前两种公司在现代社会不太普遍。有限责任公司（简称有限公司）是指不通过发行股票，而由为数不多的股东集资组成的公司。这类公司一般股东人数较少；资本无须划分为等额的股份；不对外发行股票，且股份的转让有一定限制并需征得其他股东的同意；两权分离程度较低；其成立、歇业、解散的程序比较简单，其账目无须公开披露。股份有限公司（简称股份公司）是按照《公司法》的规定注册成立，将全部资本划分为等额股份，通过发行股票筹措资本的企业组织形式。如果公司股票全部为内部股东持有，则为非上市公司；如果公司股票公开向社会发行，股票可以自由流通转让，则为公开公司或上市公司。股份制企业的所有者权益就被分成两大部分：投入资本和留存收益。投入资本又被分为股本（非股份有限公司则称为实收资本）和资本公积；留存收益又分为盈余公积和未分配利润。因而股份有限公司的股东权益就由股本、资本公积、盈余公积和未分配利润等四个部分组成。

掌握股东权益的会计核算：（略）

理解每股收益与净资产收益率的含义与作用：每股收益（EPS）最集中地反映了一个公司的经营业绩和价值，它是指当期的盈利除以当期流通在外的普通股的加权平均股数即每股普通股所赚取的盈利，是用于评价一个公司盈利能力的基本指标之一，也是公司的财务报告中必须披露的几个核心指标之一。另一个综合反映公司业绩的指标是净资产收益率（ROE），ROE 的计算公式为净利润除以平均股东权益。每股收益的特点是它是面向普通股股东的，反映的是每一个股份基本单位的回报；而净资产收益率反映的是所有净资产的回报，体现的是净资产的使用效率。

思考题

一、多选题

1. 负债和所有者权益的区别主要体现在（　　）。

A. 负债有明确的偿还期限　　B. 负债有固定的回报

C. 负债有优先偿还权　　D. 负债无偿还风险

2. 合伙企业的合伙形式有（　　）。

A. 普通合伙　　B. 法人合伙　　C. 有限责任合伙　D. 有限合伙

3. 股东权益的构成有（　　）。

A. 实收资本　　B. 公益金　　C. 未分配利润　　D. 资本公积

4. 股份有限公司的特征有（　　）。

A. 全部资本划分为等额股份　　B. 以发行股票的方式筹集资金

C. 股东出资可以转让　　D. 股东承担有限责任

5. 资本公积的形成是由于（　　）。

A. 发行股票的价格超过面值

B. 企业实现的利润提存

C. 不通过利润表而直接计入所有者权益的利得与损失

D. 指定专门用途的款项

6. 普通股与优先股的区别主要体现在（　　）。

A. 表决权不同　　B. 股利大小不同

C. 价格不同　　D. 发行方式不同

二、判断题

1. 投资者承担企业的剩余风险，所以拥有企业的所有权，因此，任何时候企业都是投资者的。(　　)

2. 我国目前不存在有限责任合伙这种形式的合伙企业。(　　)

3. 提取盈余公积是将利润留存用作专门用途，但不能再以股利形式分配给股东。(　　)

4. 新的合伙人入伙，按账面资本额的比例以及入伙后所拥有的利润分配权来确定入伙所需要缴纳的资本额。(　　)

5. 股票面值无太大的实际意义，因此，可不设股票面值。(　　)

6. 合伙企业的合伙人损益分配应根据资本投资比例而定。(　　)

7. 复杂资本结构下的公司，既需要计算和披露基本的 EPS，也需要计算和披露稀释的 EPS。(　　)

8. 基本 EPS 等于税后利润除以当期流通在外的普通股加权平均股数。(　　)

三、简答题

1. 企业的组织形式有哪些，每类企业组织的特点是什么？

2. 何谓企业所有权，为何是企业投资者而不是债权人拥有企业所有权？

3. 阐述独资企业、合伙企业、法人企业会计核算的主要区别。

4. 为何将股东权益分为投入资本和留存收益两部分？

5. 为何 EPS 和 ROE 是综合评价企业业绩的最佳指标？

练习题

一、（独资权益）南沙实业为一家生产家具的私营独资企业，为小规模纳税企业。2008 年初，资本账户余额为 156 000 元。2008 年发生的与资本账户相关的经济业务如下：

1. 业主投入 96 000 元，购置一台新设备。

2. 收回一笔应收款 40 000 元，由于家庭急用，20 000 元打入企业存款户，20 000 元业主领用。

3. 购买原材料，价款 200 000 元，增值税 34 000 元，业主从私人账户中垫付 34 000 元。

4. 本年销售商品 1 060 000 元，增值税率 6%，产品成本 650 000 元。

5. 年终结算，本年支付各类费用 150 000 元。

6. 业主从企业提款 80 000 元。

要求：

1. 登记上述业务会计分录。

2. 计算本年利润并结转至资本账户。

3. 计算并说明业主权益变动及变动原因。

二、（合伙权益——权益变动）2005 年初，王明与李华合资成立一家合伙企业，每人出资150 000元。经过两年经营后，2007年初，企业账面总资产600 000元，债务200 000元，估计企业的商誉为200 000元。此时，张洋加入，经王明与李华协商后，三人各占三分之一的权益（并按投资比例进行损益分配），张洋投资的资本为300 000元。2008年初，企业净资产为1 000 000元，商誉为500 000元。王明因为身体原因不适合继续干下去，提出退伙，李华与张洋协商后同意王明的请求，答应并支付420 000元，王明无奈接受。

要求：

1. 登记合伙企业成立、入伙和退伙的会计分录。
2. 你认为支付王明420 000元合理吗？请说明理由。
3. 假定王明、李华和张洋的损益分配比例分别为30%、30%、40%，请重新登记退伙的会计处理。

（提示：2006年末，王明与李华的账面资本各为200 000元）

三、（合伙权益——损益分配）承上题。2007年，张洋加入后，三方约定，合伙权益的分配顺序为：企业如果盈利，先支付王明、李华和张洋的工资50 000元、50 000元和30 000元，然后按6%支付平均投资利息，最后按损益分配比例王明、李华和张洋30%：30%：40%分配剩余损益。7月1日，王明又投入资金200 000元。2007年，全年净利润为500 000元。利润分配后，三人全额提款。2008年，企业实现利润150 000元。

要求：

1. 计算2007年、2008年合伙损益计算分配表。
2. 登记相应的会计分录。
3. 假定2008年三合伙人不提取利润分配额，计算各合伙人资本账户余额。

四、（股东权益）南方公司2008年初股东权益为8 500万元，其中股本400万元（每股面值1元），资本公积5 000万元，盈余公积1 900万元，未分配利润为1 200万元。2008年度实现税后利润1 000万元。2008年7月1日发行股票100万份，面值1元，股价10.5元，发行费用200 000元。年内无其他股东权益变动事项。2009年3月8日，经股东大会批准，提取10%作为法定盈余公积，5%作为任意盈余公积，余额再按40%支付现金股利。4月2日，正式发放股利。

要求：

1. 登记相关会计分录。
2. 计算利润分配后南方公司的股东权益额及其构成。

五、（业绩评价）承上题。计算南方公司2008年度的每股收益和净资产收益率。

案例分析

郑百文

郑州百文股份有限公司（集团）（以下简称郑百文）的前身郑州市百货文化用品公

司，是经郑州市编制委员会郑编（1987）第87号文批准于1987年6月在郑州市百货公司和郑州市钟表文化用品公司合并的基础上组建成立的。

1988年12月经郑州市深化改革领导小组郑深改字（88）第16号文批准，郑州市百货文化用品公司改组为股份制企业。经当时郑州市深化改革领导小组、市体改委、市财政局、市商管委和市一商局等部门对公司的经营性资产进行清查和评估，确定公司国有资产为1 133.4万元，企业资产为462.2万元。为使改制后公司的股份进一步分散，在将国有资产中的200万元有偿转让给社会个人后（有偿转让收入暂留企业使用），分别折为国家股金933.4万元，企业股金462.2万元。1988年12月经郑州市人民银行（88）郑人银管字第103号文批准，公司向社会公开平价发行股票400万元，每股面值200元，计20 000股，股票实行保息分红的方式，年红息率为25%。公司成立时，注册资金为1 795.6万元，每股面值200元，计89 780股。其中，国家持股933.4万元，计46 670股；企业持股462.2万元，计23 110股；社会公众持优先股400万元，计20 000股。上述股权结构得到郑州市财政局郑财商字（89）第16号文确认。1992年7月经公司第一届股东大会第九次会议通过并经郑州市体改委郑体改字（1992）第39号文批准，公司将每股股票面值拆细为1元，并将社会公众优先股转为普通股，同时报经郑州市国有资产管理局郑国资字（1992）第39号文批准，将462.2万元企业股转让给社会法人，转让价格为每股1.2元，变成法人股。

1992年12月，根据第一届股东大会第九次会议的授权，公司董事会经研究决定进行增资扩股。1992年12月8日，郑州市体改委郑体改字（92）第118号文批准公司增资扩股。此次增资扩股中，经郑州市国有资产管理局郑国资字（1992）第62号文批准国有土地使用权评估值279.91万元、1988年公司改组时国有资产有偿转让暂留企业使用的200万元以及截至1992年10月31日国家股应分尚未上交的红利147.7万元，共计627.61万元，折为国家股627.61万股（鉴于这部分资产长期为公司无偿使用，故按1∶1的价格折为国家股）；法人股和社会公众股按每股2.5元的价格发行了3 175.8万股和4 649万股。另外，社会公众股将1992年度应分红利送红股100万股。1993年经郑州市国有资产管理局郑国资字（1993）第18号文确认，公司的股本总额为10 348.01万股。其中，国家持股1 561.01万股，法人持股3 638万股，社会公众持股5 149万股。

1996年4月，郑百文在上海证券交易所公开上市（代号：600898，发行价格：2.50元）。

郑百文从1986年到1996年批准上市的10年间，其销售收入增长45倍，利润增长36倍；1996年实现销售收入41亿元。按照郑百文公布的数字，1997年其主营规模和资产收益率等指标在深沪上市的所有商业公司中均名列第一，成为国内上市企业100强之一。而且，郑百文还是郑州市首家上市企业和河南省首家商业股票上市公司。这些数字和这些第一，使郑百文在当时的证券市场声名大噪，股价也从刚上市时的6.50元左右上涨至1997年5月12日的22.70元。不仅如此，当时的郑百文还被树为当地企业界耀眼的改革新星和率先建立现代企业制度的典型。1997年7月，郑州市委、市政府召开全市大会，把郑百文树为全市国有企业改革的一面红旗。河南省有关部门把它定为全省商业企业学习的榜样。同年10月，郑百文经验被大张旗鼓地推向全国。

继1997年郑百文宣称每股盈利0.448元以后的第二年，1998年郑百文在中国创下净亏2.54亿元的最高纪录。根据公司年报，1999年郑百文一年亏损达9.6亿元，每股收益（摊薄）-4.8435元，再创深沪股市亏损之最，审计事务所出具的审计意见是“拒绝发表意见”。中国信达资产管理公司于1999年12月与中国建设银行签订债权转让协议，受让193 558.4万元的郑百文债权。中国信达此次申请债权共计人民币213 021万元。2000年2月23日，郑百文临时股东大会通过决议，改聘天健会计师事务所为公司的审计机构。

2000年3月，中国信达资产管理公司向郑州市中级人民法院申请郑百文破产还债，被法院驳回。法院以申请材料不齐为由拒绝受理此案。这是中国第一例由债权人提起上市公司破产的案件。

2000年6月7日至9日，在公司出现如此重大的持续经营问题之后，郑百文在上交所的股票价格连续3天涨停，公司不得不于2000年6月15日发布警示性公告，提醒投资者注意风险。但是股票继续涨停，鉴于以上原因，公司申请从6月16日至董事会关于资产重组的工作情况的报告公告之日（6月23日），公司挂牌证券停牌。在这段时间，公司连续发布公告，提醒投资者公司已经严重亏损，并于2000年8月21日公布2000年中期报告，主要财务指标为每股收益（摊薄）-0.3071元，每股净资产-6.8856元（参见下表）。中报审计意见类型仍然是拒绝表示意见。

1996年至2000年郑百文各项指标

单位：千元

	2000年末	1999年末	1998年末	1997年末	1996年末
总股本（万股）	19 758.21	19 758.21	19 758.21	17 488.14	13 452.41
国家股（万股）	2 887.79	2 887.79	2 887.79	2 638.1	2 029.31
法人股（万股）	6 160.51	6 160.51	6 160.51	6 148.22	4 729.4
流通股（万股）	10 709.92	10 709.92	10 709.92	8 701.81	6 693.7
股本变动原因			每10股配2.037股，配售价7元	每10股配3股，配售价5~7元	每10股送3股
总资产	1 140 983.36	1 277 715.14	2 366 069.08	3 529 758	2 034 399
股东权益	-1 372 248.73	-1 299 419.53	43 746.93	392 650.15	314 314.4
主营业务收入	399 992.33	1 307 730.52	3 355 018.16	7 677 843.55	3 482 254.2
净利润	-88 783.32	-956 979.89	-502 414.55	81 294.93	49 899.5
每股收益（元）	-0.45	-4.84	-2.54	0.47	0.37
每股净资产（元）	-6.94	-6.58	0.22	2.25	2.34

此后，郑百文走上重组之路。2001 年 2 月 22 日，郑百文召开临时股东大会，通过了“关于资产、债务重组的议案”、“关于修改公司章程的议案”、“关于股东采取默示同意和明示反对的意思表达方式的议案”等九项议案。其中，资产、债务重组议案的主要内容是：三联以 3 亿元的价格取得信达资产管理公司对郑百文的 14.47 亿元债权；三联向信达购买上述债权后，将其对郑百文的债权全部豁免，同时，郑百文全体股东，包括非流通股和流通股股东，需将所持郑百文股份的 50% 过户给三联；对于不同意过户的股东，将由公司按“公平价格”收购其所持全部股份，流通股为每股 1.84 元，非流通股为每股 0.18 元。李香铃等 38 名股东在规定期限 3 月 19 日之前作出“股东声明”，明确表示既不同意将所持的郑百文股份的 50% 过户给三联，也不同意所持股份按“公平价格”被回购。4 月18 日，证券登记结算公司认为股份变动手续申请所附材料不完备，拒绝执行股份过户。12 月 3 日，证券登记结算公司发布公告宣布，11 月 29 日收到了郑州市中级人民法院发出的协助执行通知书，被要求协助办理郑百文股份过户手续。证券登记结算公司按照郑百文 2001 年度第一次临时股东大会作出的有关决议，将郑百文相关股东持有股份的 50% 过户到山东三联集团公司名下。同时，证监会批准三联集团“要约收购豁免”的申请。

2003 年 7 月 18 日，郑百文复市。同日，李香铃等 6 名股东发现，尽管已明确声明，但自己所持有的原郑百文的股权的 50% 仍被强制划转给了三联商社这个新股东。于是，他们将郑百文和证券登记结算公司告上法庭，请求法院判决两被告返还原告所持有的郑百文所发行的流通股 1 000 股。理由是原告于 2001 年 2 月 23 日以每股 5.98 元的价格买入的郑百文 1 000 股流通股，在原告明确表示不同意的情况下，被郑百文强制回购。2004 年 6 月 12 日，郑州市金水区人民法院对此作出一审判决，判处被告返还 6 名投资者已被回购股份的 50%。2005 年 4 月 13 日，郑州市中院进行终审判决，撤销了金水法院的一审判决，驳回李香铃等 6 人的诉讼请求。法院认为：过户是在执行法院判决。

[本案例根据郑百文公开披露的资料整理而成，同时参考：周洋等．对会计要素股东权益的法律思考——兼评三联商社重组案中的会计法律问题．财务与会计，2005（11）：13 ~ 15]

问题：

1. 法院最终判决驳回李香铃等 6 人的诉讼请求，执行过户，你认为合理吗？对照《公司法》，股东的权益有哪些？如何保护中小股东的权益？

2. 郑百文 1998 年收益大跳水的原因是什么？为什么在 2000 年 6 月 7 日至 9 日，在公司出现如此重大的持续经营问题之后，郑百文在上交所的股票价格连续三天涨停？股东如何自保？

3. 继续追踪重组后三联商社的经营情况。重组后三联商社的经营总状况给你带来哪些启示或思考？

第十一章　财务报表

本章结构

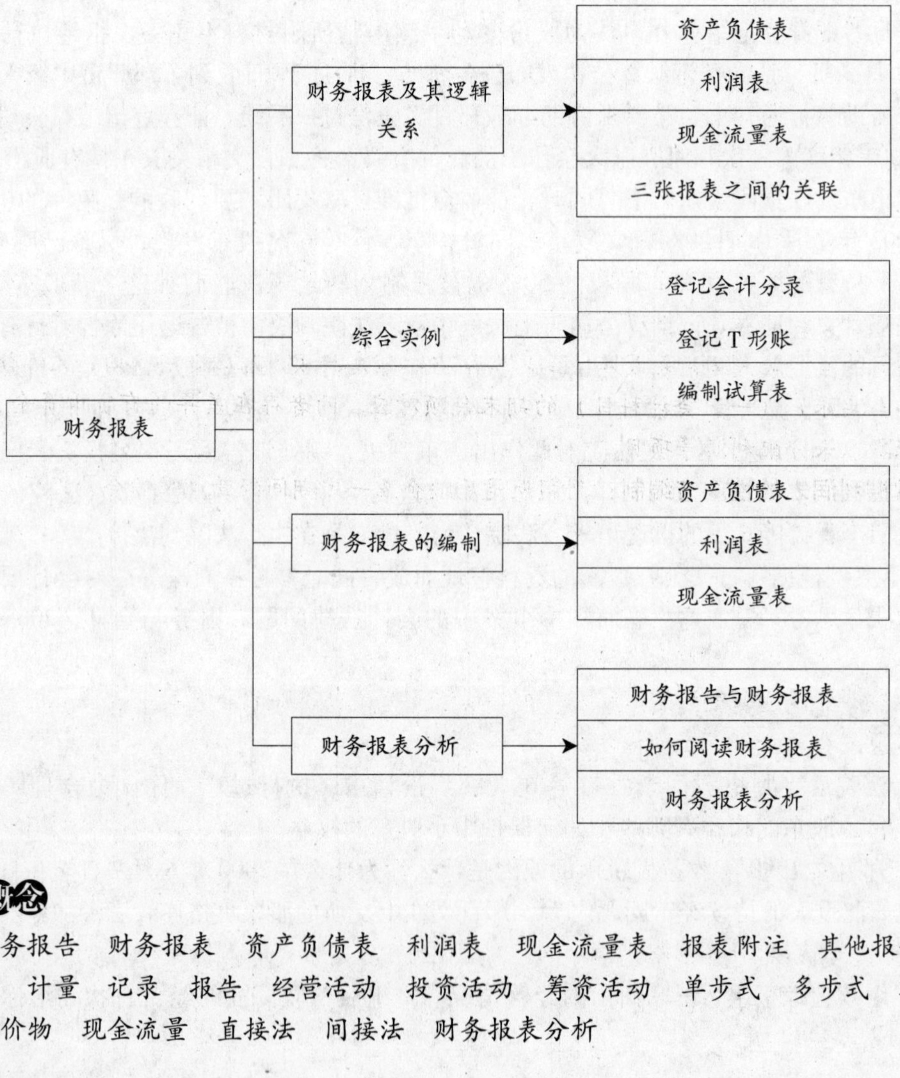

本章概念

财务报告　财务报表　资产负债表　利润表　现金流量表　报表附注　其他报告形式　确认　计量　记录　报告　经营活动　投资活动　筹资活动　单步式　多步式　现金　现金等价物　现金流量　直接法　间接法　财务报表分析

本章小结

理清财务报表之间的逻辑关系：财务报表的编制是对企业经济活动的高度提炼、分类和汇总，是综合反映企业某一特定日期财务状况、某一会计期间的经营成果和现金流量的信息文件。

企业经济活动最后通过加工转换成三张基本的财务报表：资产负债表、利润表和现金流量表。三张报表一起综合揭示特定企业财务状况的相关信息：资产负债表反映的是企业某个时点的财务状况信息，利润表是反映企业两个时点之间（某一时期）财务状况变动的结果，现金流量表反映的是一个时期财务状况变动过程的信息。三张报表之间互相关联，互相配合。

随着公允价值会计的日益推行，利润表只能部分地解释一个会计期间（通常为1年）净资产的变化原因。公允价值会计的实施使得资产的市价与账面价值的变动，一方面以未实现的形式体现在利润表中，另一方面又以利得和损失的形式出现在资产负债表中。再加上所有者本身的资本投入（或退出）和股利分配等，用利润表来解释一个会计期间的净资产的变动越来越缺乏说服力，因此，以所有者权益变动表来详细说明净资产变动的报表就出现了，这就是所谓的第四报表。

掌握资产负债表的性质与编制：资产负债表是反映一个企业某一特定日期（通常为12月31日）财务状况的会计报表，这一天也称资产负债表日。在这张报表中，我们能了解一个企业的规模（资产总额），由此判断该企业在行业所处的位置和实力。另外，通过资产结构的分析，了解该企业资产分布是否合理以及资产的质量。而作为资产负债表的权益方，我们大体可以掌握企业的财务风险，通过资产负债率等指标则能更明确地掌握企业的偿债能力等。资产负债表基本上是以实账户的期末余额为基础来编制的，大部分会计报表项目与实账户（一级会计科目）的期末余额对应。两者存在差异的有货币资金、存货、应收账款、未分配利润等项目。

掌握利润表的性质与编制：利润表是反映企业一定期间经营成果的会计报表。如果说资产负债表反映一个企业的经济实力的话，利润表则反映一个企业的经营能力。能力与实力的区别体现在，前者反映的是一种可能性，后者体现的是一种现实结果。因此，要全面了解一个企业，必须把资产负债表与利润表结合起来阅读。利润表是以虚账户的本期发生额为基础来编制的。利润表通常分为单步式和多步式两种。

掌握现金流量表的性质与编制：现金流量表是反映企业在一定时期的现金及现金等价物流入、流出的会计报表。通过这一报表我们可以了解企业核心资产——现金的来源、使用情况，从而掌握企业经营的基本过程。我国现行的现金流量表分主表和补充资料两个主要部分：主表是直接列示三类活动各主要项目的现金流入与流出额，补充资料部分则是将利润表的净利润调节为经营活动现金净流量。主表的列示方法又称直接法，补充资料的方法又称间接法。

掌握财务报表分析的基本原理：要了解一个企业的基本状况，从阅读财务报表入手是最佳手段。在现有的三张报表中，每张报表的功能是不相同的，但三张报表之间存在密切的逻辑关系。报表分析首先要了解财务报表之间的逻辑。要读懂一个企业的财务报表，还要具备财务报表的阅读基础，才能读懂财务报表数字背后的东西。这些基础除包括对财务报表编制过程的基本了解之外，还包括对基本会计假设、会计信息质量的基本要求、会计的基本要素的理解以及会计确认原则和计量要求等的了解。

对企业财务报表的分析要借助基本的分析工具。如流动比率、资产负债率、每股收益和净资产报酬率等指标，然后再进行横向、纵向、趋势和差异等方面的比较分析。这些比较分析包括：和预算进行比较、和历史数据进行比较以及和同行进行比较。通过比较分析，确定差异，找出问题，最后寻求解决办法。在财务分析中，经验有时是非常重要的，因此，好的财务分析既离不开基本分析技巧的学习，更少不了平时的观察与积累。

最后，我们要指出的是，财务分析还要注意以下这些因素：①环境因素；②行业特征；③企业生命周期；④企业战略；⑤审计报告等。

思考题

一、多选题

1. 下列属于经营活动的项目有（　　）。

A. 收回前期应收账款　　B. 销售收到的增值税销项税

C. 支付所得税　　D. 支付借款利息

2. 下列属于投资活动的项目有（　　）。

A. 发行债券收到的现金　　B. 购买债券支付的手续费

C. 购买固定资产支付的增值税　　D. 销售固定资产取得的净收入

3. 下列属于筹资活动的项目有（　　）。

A. 国债利息收入　　B. 在建工程中的利息支出

C. 支付现金股利　　D. 归还借款

4. 以下属于现金流量表中的现金项目有（　　）。

A. 银行汇票

B. 从市场购进的将在 3 个月内到期的国库券

C. 银行承兑汇票

D. 已持有的 3 年期将在 3 个月内期的国库券

5. 以下可以通过“营业税金及附加”核算的税收种类为（　　）。

A. 增值税　　B. 营业税　　C. 消费税　　D. 土地使用税

6. 下列属于时期报表的是（　　）。

A. 资产负债表　　B. 利润表

C. 现金流量表　　D. 所有者权益变动表

7. 资产负债表可提供的信息有（　　）。

A. 偿债能力　　B. 资本结构　　C. 资产结构　　D. 资本回报率

二、判断题

1. 间接法就是将会计净利润调节为本期现金净流量额。（　　）

2. 营业利润具有更高的信息含量，是因为其预测价值更高。（　　）

3. 偿付应付账款属于筹资活动中的现金流出。（　　）

4. 会计的产品就是财务报告，也称财务报表。（　　）

5. 编制资产负债表时，各报表项目均可根据会计科目的金额直接或通过计算分析填

列。(　　)

6. 经营活动、投资活动、筹资活动所产生的现金流量，既可以通过直接法，也可以通过间接法编制。(　　)

7. 发行债券所收到的现金属于投资活动产生的现金流量。(　　)

三、简答题

1. 阐述资产负债表、利润表和现金流量表三张报表之间的关系。

2. 某公司经营出现亏损，但经营活动产生的现金净流量为正。请解释哪些因素会导致这一情况出现。

3. 阐述经济活动与会计报告及会计信息处理系统的关系。

4. 简要说明为何利润表要按多步式编排。

5. 解释以生产为起点、通过销售实现企业的利润目标，与从企业目标开始、确定销售最后开始生产两者之间存在的观念、管理方式和会计核算上的区别。

练习题

(财务报表编制) 以下是珠江公司2008年12月31日资产负债表。

资产负债表　　会企01表

编制单位：珠江公司　　2008年12月31日　　单位：元

资产	年末余额	年初余额	负债及所有者权益	年末余额	年初余额
流动资产：			流动负债：		
货币资金	16 532 900.00	180 508 400.00	短期借款	150 000 000.00	150 000 000.00
交易性金融资产	4 500 000.00	0.00	应付票据	0.00	
应收票据	0.00	0.00	应付账款	138 500 000.00	180 000 000.00
应收账款	89 900 000.00	120 000 000.00	应付职工薪酬	74 500 000.00	15 000 000.00
减：坏账准备	(449 500.00)	(600 000.00)	应交税费	0.00	0.00
其他应收款	580 000.00	580 000.00	应付利息	600 000.00	
存货	359 700 000.00	368 300 000.00	其他应付款	860 000.00	860 000.00
1年内到期的非流动资产	0.00	0.00	1年内到期的非流动负债	180 000 000.00	0.00
其他流动资产	0.00	0.00	其他流动负债	0.00	0.00
流动资产合计	470 763 400.00	668 788 400.00	流动负债合计	544 460 000.00	345 860 000.00
非流动资产：			非流动负债：		
可供出售金融资产	0.00	0.00	长期借款	70 000 000.00	450 000 000.00
持有至到期投资	10 125 000.00	0.00	应付债券	18 290 000.00	
长期股权投资	0.00		预计负债	0.00	

（续上表）

资产	年末余额	年初余额	负债及所有者权益	年末余额	年初余额
固定资产	1 137 410 000.00	820 000 000.00	递延所得税负债	5 012 625.00	
减：累计折旧	(242 000 000.00)	(200 000 000.00)	非流动负债合计	93 302 625.00	450 000 000.00
工程物资	0.00	23 400 000.00	负债合计	637 762 625.00	795 860 000.00
在建工程	0.00	200 000 000.00	所有者权益：		
无形资产	0.00		实收资本（股本）	100 000 000.00	100 000 000.00
长期待摊费用	0.00		资本公积	250 000 000.00	250 000 000.00
递延所得税资产	125 000.00	0.00	盈余公积	158 500 000.00	150 000 000.00
非流动资产合计	905 660 000.00	843 400 000.00	未分配利润	230 160 775.00	216 328 400.00
			所有者权益合计	738 660 775.00	716 328 400.00
资产总计	1 376 423 400.00	1 512 188 400.00	负债及所有者权益总计	1 376 423 400.00	1 512 188 400.00

货币资金 16 532 900 元由现金 55 000 元、银行存款 16 157 900 元、其他货币资金（银行汇票）320 000 元组成。存货 359 700 000 元由原材料 54 000 000 元、产成品 262 330 000 元、半成品 39 370 000 元和周转材料 4 000 000 元组成

珠江公司 2009 年全年发生的经济业务如下：

1. 2008 年珠江公司实现净利润 39 332 375 元，董事会决定按净利润的 10% 和 20% 提取法定盈余公积和分配现金股利，股利已支付（提示：上年利润已转入未分配利润账户）。

2. 购买原材料，价款 8 000 万元，增值税率 17%，款未付；购买周转材料，价款 800 万元，增值税率 17%，价税款以银行存款支付。

3. 年内发行股票 2 000 万股，面值 1 元，每股售价 5.8 元，发行费用 200 万元。

4. 购买设备 702 万元（不考虑增值税），款未付。

5. 生产领用原材料 1 亿元，周转材料 900 万元。

6. 本期销售商品收入 4 亿元，增值税率 17%，该商品成本为 2.8 亿元，货款已收。

7. 本期提供劳务收入 6 500 万元，营业税率 5%，货款未收。

8. 销售上年购买的股票（购买价格 500 万元），上年末账面价值 450 万元，交易费用 9 600 元，售价 480 万元。

9. 本年水电、煤气等费用支出 2 000 万元，其中生产部门、生产管理部门和管理部门分配比例为 1 200 万元、300 万元和 500 万元。

10. 登记本年工资费用 1.4 亿元，其中生产部门、生产管理部门、管理部门和销售部门分别为 8 000 万元、2 000 万元、2 500 万元和 1 500 万元。同时，按 6%、12%、2% 和 10% 分别计提医疗保险费、养老保险费、失业保险费和住房公积金。另按职工工资总额的 2% 和 1% 计提工会经费和职工教育经费。

11. 本期收回应收账款 5 000 万元，归还应付账款 0.5 亿元和长期借款 1.8 亿元。

12. 本期共支付利息 2 280 万元。

13. 支付应付工资 1.3 亿元（其中支付工程人员 1 000 万元）。

14. 6 月 30 日发放第一年的利息，同时年末登记债券应计利息与摊销债券折价（使

用直线摊销法)，登记国债利息收入。(注：上年7月1日发行五年期债券用于工程建设，票面利率6%，市场利率8%，面值2 000万元，发行费用30万元，发行收入1 840万元。利息每年支付一次，本金到期一次偿还。上年购买三年期国债1 000万元，年利率5%，国债到期一次还本付息)

15. 计提固定资产折旧，会计上使用直线法，本年计提6 500万元，其中生产部门5 000万元，生产管理部门700万元，管理部门800万元。税收允许使用加速折旧法，按加速折旧法计提额为7 500万元。

16. 按5‰计提坏账准备，本年收回前期已确认的一笔坏账2万元。

17. 期末在产品完工率80%，结转产成品成本。

18. 登记应交所得税(25%)，结转未交增值税，缴纳所得税、增值税、营业税、城市维护建设税(7%)和教育费附加(3%)。

19. 结转本年利润。

要求：

1. 登记会计分录。

2. 登记T形账(包括应交税费——应交增值税、利润分配——未分配利润明细账)。

3. 编制试算表。

4. 编制资产负债表、利润表和现金流量表(直线法)。

案例分析

扭亏为盈

从1978年开始，中国经济除了在1980年和1989—1990年两个时期的低谷外，经历了近三十年的高速增长。表1是我国1993年至2007年各年的GDP总值和年增长率。

表1

年份	GDP(亿元)	增长率(%)
1993	35 333.9	13.4
1994	48 197.9	11.8
1995	60 793.7	10.2
1996	71 176.6	9.7
1997	78 973	8.8
1998	84 402.3	7.8
1999	89 677.1	7.1
2000	99 214.6	8.0
2001	109 655.2	7.3
2002	120 332.7	8.0

（续上表）

年份	GDP（亿元）	增长率（%）
2003	135 822.8	10.0
2004	159 878.3	10.1
2005	183 084.8	10.4
2006	209 407	11.1
2007	246 619	11.4

由表1可以看出，2007年是近几年来我国经济快速增长的一年。从导言我们也看到，这一年上市公司亏损比和亏盈金额比也是最低的，分别为8.32%和2.2%。

在财政部的一份关于2007年上市公司执行新会计准则的分析报告［财政部会计司．关于上市公司2007年执行新会计准则情况的分析报告．会计研究，2008（6）］中指出：截至2008年4月30日，已公开披露年度报告的1 570家上市公司2007年实现利润总额和利润净额分别为13 634.02亿元和10 117.64亿元，2006年分别为9 201.22亿元和6 765.08亿元，利润总额增加了4 432.8亿元，净利润增加了3 352.56亿元，同比分别增加了48.18%和49.56%。

其中营业利润合计为13 148.16亿元，比2006年增加了4 091.9亿元，增幅为45.18%，占利润总额的96.44%，扣除投资收益后占74.8%；投资收益合计为2 950.5亿元，比2006年增加1 780.45亿元，增幅为152.7%，占利润总额的21.64%，引起投资收益的增长主要为出售投资实现的收益，为2 547.57亿元，占利润总额的18.69%；营业外收支净额485.86亿元，比2006年增加340.9亿元，增幅为235.17亿元，占利润总额的3.56%，营业外收入的主要来源为债务重组、捐赠、政府补助及处置长期资产利得。

2007年是上市公司扭亏为盈最多的一个年份，下面是三家扭亏为盈的公司的会计数据和业务数据摘要。

1. ※ST潜药（600568）

表2 单位：千元

主要会计数据与财务指标	2007年	2006年		本年比上年增减（%）	2005年
		调整前	调整后		
营业收入	1 860 169	1 485 423	1 485 423	25.23	811 210
利润总额	80 843	-49 008	-49 008	264.96	-30 008
归属于上市公司股东的利润	18 435	-86 717	-86 620	121.26	-37 927
归属于上市公司股东的扣除非经常性损益的利润	5 421	-90 294	-90 128	106	-38 917

（续上表）

主要会计数据与财务指标	2007年	2006年		本年比上年增减（%）	2005年
		调整前	调整后		
基本每股收益	0.15	-0.69	-0.69	121.74	-0.35
扣除非经常性损益后的基本每股收益	0.04	-0.72	-0.72	105.56	-0.36
全面摊薄净资产收益率（%）	5.01	-24.30	-24.30	增加29.31个百分点	-8.54
加权平均净资产收益率（%）	5.14	-21.68	-21.68	增加26.82个百分点	-8.34
扣除非经常性损益后的全面摊薄净资产收益率（%）	1.47	-25.28	-25.28	增加26.75个百分点	-8.77
扣除非经常性损益后的加权平均净资产收益率（%）	1.51	-22.56	-22.56	增加24.07个百分点	-8.56
经营活动产生的现金流量净额	3 575	48 494	48 494	-92.63	57 267
每股经营活动产生的现金流量净额	0.03	0.39	0.39	-92.31	0.52
	2007年末	2006年末		本年比上年增减（%）	2005年末
		调整前	调整后		
总资产	1 328 694	1 310 652	1 307 803	1.38	1 382 819
所有者权益（或股东权益）	368 168	349 827	356 466	5.24	443 990
归属于上市公司股东的每股净资产	2.93	2.79	2.84	5.02	4.06

表3　　单位：千元

非经常性损益项目	金额
非流动资产处置损益	-2 207
计入当期损益的政府补助，但与公司业务密切相关、按照国家统一标准定额或定量享受的政府补助除外	14 500
除上述各项之外的其他营业外收支净额	978
少数股东权益和所得税影响数	-256
合计	13 015

2. 东风科技（600081）

表4 单位：千元

主要会计数据与财务指标	2007年	2006年		本年比上年增减（%）	2005年
		调整前	调整后		
营业收入	1 074 746	919 994	905 964	16.82	904 431
利润总额	10 377	3 856	4 800	169.06	-119 434
归属于上市公司股东的利润	4 603	1 604	2 646	186.98	-115 422
归属于上市公司股东的扣除非经常性损益的利润	3 984	-3 927	-2 885	201.44	-115 490
基本每股收益	0.014 7	0.005 1	0.01	188.24	-0.37
稀释每股收益	0.014 7	0.005 1	0.01	188.24	-0.37
扣除非经常性损益后的基本每股收益	0.012 7	-0.012 5	-0.01	201.60	-0.37
全面摊薄净资产收益率（%）	1.145 7	0.403 9	0.67	增加0.741 8个百分点	-29.74
加权平均净资产收益率（%）	1.152 3	0.408 5	0.68	增加0.743 8个百分点	-24.80
扣除非经常性损益后的全面摊薄净资产收益率（%）	0.991 6	-0.988 9	-0.73	增加1.980 5个百分点	-29.76
扣除非经常性损益后的加权平均净资产收益率（%）	0.997 4	-1.000 4	-0.74	增加1.997 8个百分点	-24.81
经营活动产生的现金流量净额	6 023	-35 319	-35 847	117.05	-3 155
每股经营活动产生的现金流量净额	0.02	-0.11	-0.11	118.18	-0.01
	2007年末	2006年末		本年比上年增减（%）	2005年末
		调整前	调整后		
总资产	1 222 174	1 157 635	1 153 948	5.58	1 093 785
所有者权益（或股东权益）	401 784	397 181	394 462	1.16	388 133
归属于上市公司股东的每股净资产	1.28	1.27	1.26	0.79	1.24

表 5

单位：千元

非经常性损益项目	金额
非流动资产处置损益	-740
债务重组损益	-5 022
除上述各项之外的其他营业外收支净额	516
其他非经常性损益项目	5 864
合计	618

3. 尖峰集团（600688）

表 6

单位：千元

主要会计数据与财务指标	2007 年	2006 年	本年比上年增减（%）	2005 年
营业收入	1 423 904	1 397 915	1.86	1 284 190
利润总额	50 089	-76 763		2 980
归属于上市公司股东的利润	42 070	-72 277		4 084
归属于上市公司股东的扣除非经常性损益的利润	-38 197	-74 254		-32 772
基本每股收益	0.12	-0.21		0.01
稀释每股收益	0.12	-0.21		0.01
扣除非经常性损益后的基本每股收益	-0.11	-0.21		-0.10
全面摊薄净资产收益率（%）	4.84	-8.90	增加 13.74 个百分点	0.45
加权平均净资产收益率（%）	5.05	-8.65	增加 13.70 个百分点	0.45
扣除非经常性损益后的全面摊薄净资产收益率（%）	-4.39	-9.14	增加 4.75 个百分点	-3.63
扣除非经常性损益后的加权平均净资产收益率（%）	-4.58	-8.89	增加 4.31 个百分点	-3.64
经营活动产生的现金流量净额	98 990	136 284	-27.36	99 262
每股经营活动产生的现金流量净额	0.29	0.40	-27.50	0.29

（续上表）

主要会计数据与财务指标	2007年	2006年	本年比上年增减（%）	2005年
	2007年末	2006年末	本年比上年增减（%）	2005年末
总资产	1 850 918	2 281 638	-18.88	2 405 038
所有者权益（或股东权益）	869 294	812 102	7.04	902 924
归属于上市公司股东的每股净资产	2.53	2.36	7.20	2.62

表7　　单位：千元

非经常性损益项目	金额
非流动资产处置损益	4 040
计入当期损益的政府补助，但与公司业务密切相关、按照国家统一标准定额或定量享受的政府补助除外	8 645
非货币性资产交换损益	60 127
企业重组费用，如职工安置的支出、整合费用等	-10 762
除上述各项之外的其他营业外收支净额	13 925
其他非经常性损益项目	14 969
企业所得税影响数（所得税减少以“-”表示）	-6 387
少数股东权益	-4 289
合计	80 268

问题：

1. 2007年是上市公司执行新会计准则的第一年，你认为新会计准则对上市公司的盈利影响在哪里？影响有多大？

2. 上述三家上市公司都实现了扭亏为盈，你认为真是如此吗？这三家公司扭亏为盈有何区别？请提出你自己的看法（提示：结合有关退市规定考虑此问题）。

3. 报表分析中如何考虑环境的影响和会计政策的影响？结合本案例谈谈你自己的看法。

第十二章　经营环境与管理会计

本章结构

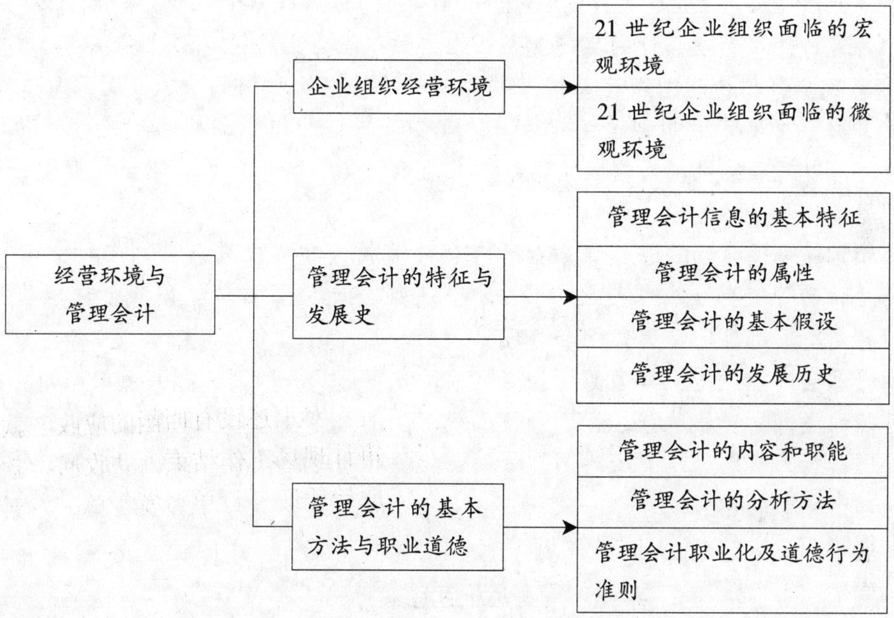

本章概念

国际化　金融化　知识化　顾客化　竞争化　变化　财务会计　管理会计　财务性信息　非财务性信息　行为意义　核心能力　决策与计划会计　执行会计　管理会计职业化　职业道德行为准则　成本性态分析　价值链分析

本章小结

了解企业组织经营环境：从宏观层面看，21世纪世界经济的基本特征是国际化、金融化和知识化；从微观层面看，21世纪企业组织经营环境的基本特征是顾客化、竞争化和变化。企业组织面临的这些宏、微观环境对管理会计的产生与发展具有重要的影响。这是学习与理解管理会计的基本立足点。

理解和掌握管理会计信息的基本特征：任何决策都离不开会计信息。因此，企业组织的会计信息需求者相当广泛。尽管如此，会计信息需求者可以分为内部和外部信息需求者。管理会计信息与财务会计信息分别满足内部和外部信息需求者的信息需求。财务会计与管理会计是会计的“同源分流”。财务会计与管理会计的“同源分流”在企业组织的经理人层面实现提供信息（即记账、算账和报账）与运用信息（即用账）的一体化。管理会计信息具有如下基本特征：①强调财务性信息与非财务性信息并重；②管理会计信息强调信息的行为意义；③管理会计信息是一种近似值；④管理会计信息的来源与取值范围取决于信息需求者的目的。

了解管理会计发展历史：自从财务会计与管理会计“同源分流”之后，作为与财务会计相对独立的管理会计本身也得到发展。20世纪以来，管理会计的发展历程大致可以分为四个阶段：①追求效率的管理会计时代（20世纪初至20世纪50年代）；②追求效益的管理会计时代（20世纪50年代至20世纪80年代）；③战略管理会计时代（20世纪80年代至21世纪）；④管理会计的主题是企业组织核心能力的培植（21世纪以来）。

理解管理会计与企业组织经营管理的关系：作为企业组织的决策支持系统，管理会计是企业组织管理系统的重要组成部分。管理会计与企业组织的战略制定、经营决策机制、绩效评价以及激励机制紧密联系，难以人为地将其割裂开来。管理会计贯穿企业组织的经营管理过程之始终。

理解和掌握管理会计的框架体系：管理会计形成了以“决策与计划会计”和“执行会计”为主体的管理会计基本框架。其中，“决策会计”居首位。因为计划以决策为基础，计划只是决策所确定目标的综合体现。

了解管理会计职业化及其道德行为准则：西方市场经济国家，尤其是美国，通过注册管理会计师的考试和资格认证，管理会计已经职业化。作为一种职业化，管理会计师必须遵循职业道德行为准则。以美国为例，管理会计师职业道德行为准则包括技能、保密、廉正和客观四个方面的内容。

思考题

一、多选题

1. 从宏观上看，21世纪世界经济的基本特征可以概括为（　　）。

A. 国际化　　B. 金融化　　C. 变化　　D. 知识化

2. 从微观上看，21世纪企业组织经营环境的基本特征为（　　）。

A. 顾客化　　B. 变化　　C. 竞争化　　D. 国际化

3. 以美国为例，管理会计师职业道德行为准则包括哪几个方面内容（　　）。

A. 技能　　B. 保密　　C. 廉正　　D. 客观

4. 从总体上看，成本信息必须满足（　　）。

A. 存货计价与收益确定　　B. 经营控制

C. 管理决策　　D. 计划控制

二、判断题

1. 管理会计信息只满足内部信息需求者的信息需求。（　　）

2. 财务会计信息主要侧重于满足外部信息需求者的信息需求。（　　）

3. 管理会计强调财务性信息与非财务性信息并重。(　　)
4. 管理会计强调信息的行为意义。(　　)
5. 会计信息都是一种近似值。(　　)
6. 财务会计与管理会计只是会计的“同源分流”。(　　)
7. 在美国只要通过考试就可以获得注册管理会计师资格认证。(　　)
8. 财务性成本按其管理职能可以分为制造成本与期间成本。(　　)
9. 所有成本都是可控成本。(　　)
10. 差别成本就是边际成本。(　　)

三、简答题

1. 如何理解21世纪企业组织面临的宏、微观经营环境？
2. 如何理解会计信息需求者的不同信息需求，会计如何满足这些不同的信息需求？
3. 如何理解财务会计与管理会计是会计的“同源分流”？
4. 管理会计信息具有哪些基本特征？
5. 推动管理会计发展的动力是什么？
6. 如何理解管理会计与企业组织经营管理的关系？
7. 如何理解管理会计基本框架？
8. 管理会计为何职业化，如何职业化？
9. 如何理解管理会计师的道德行为准则？
10. 如何理解“不同目的，不同成本”？
11. 学了本章之后，您对会计有何认识？

案例分析

Yang Electronic Company（简称YEC）开发了一种高速度、低成本的复印机。这种复印机主要供家庭使用。然而，随着YEC的顾客逐渐意识到使用YEC复印机的简单和便宜，越来越多的小企业也开始使用它。由于一些企业大量订购该产品，销售量直线上升。但是，这些企业的过度使用导致机器某些部件损坏，而保修条款规定，不论复印机的使用量多少，其保修期都是两年。结果，YEC为更换损坏的部件而承担了高额成本。

YEC董事会的季度例会即将召开，副总会计师马克需要编制一份情况报告。但是，一方面他很难预测这件事的确切影响；另一方面许多企业用户开始向竞争对手购买更为昂贵的复印机。显然，维修成本上升影响了YEC的盈利能力。马克尽其所能地为董事会准备了一份概括当前形势的报告。

YEC的总会计师艾丽斯十分关注这份报告对董事会的影响。她并非不赞同这些分析，但是，她认为这将给人们留下管理不力的印象，甚至可能使董事会决定停止生产这种产品。在与工程部负责人会谈之后，艾丽斯相信对复印机的设计进行细微的改动，就可满足对复印机使用率高的顾客的需求，而停止生产可能会错过一个获利机会。

艾丽斯把马克叫到她的办公室，要求他删除报告中有关部件损坏的内容。她说这一点只需要向董事会口头汇报，同时说明该问题在技术上即将得到解决就可以了。但是，马克坚持认为，对报告作出这样的修改会在这个对公司盈利能力存在潜在负面影响的问题上误导董事会。

问题：

1. 艾丽斯对马克的要求道德吗，为什么？
2. 马克应如何解决这个问题？

第十三章　审计与内部控制

本章结构

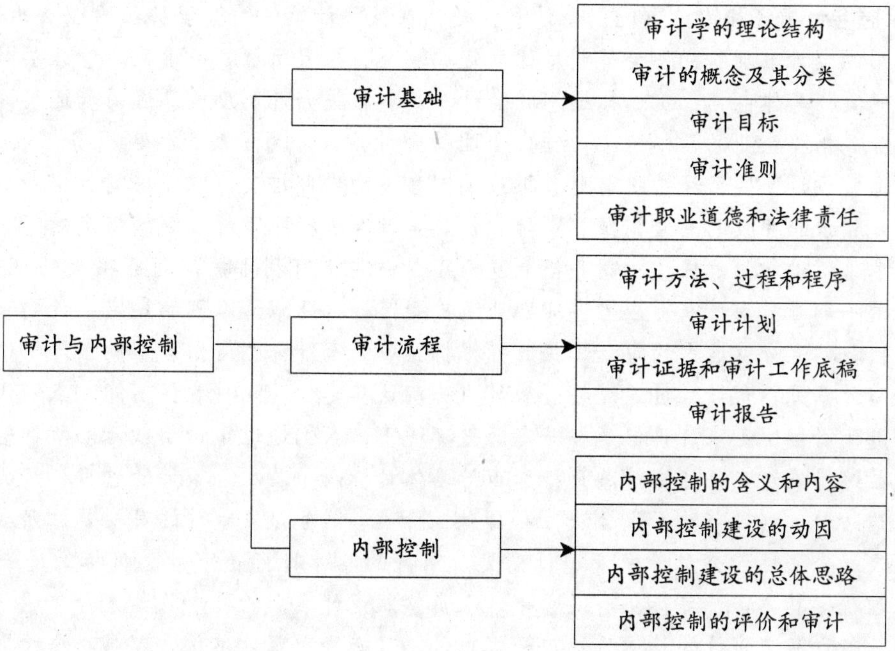

本章概念

审计　理论结构　会计责任　审计责任　审计目标　审计准则　职业道德　法律责任　审计方法　审计过程　审计程序　审计计划　审计重要性　审计证据　审计工作底稿　审计报告　内部控制　内部环境　风险评估　控制活动　信息与沟通　内部监督　内部控制评价　内部控制审计

本章小结

了解审计学的理论结构：审计学理论由审计基础理论与审计应用理论两部分构成。审计基础理论主要研究审计学领域具有根本性的理论问题，旨在揭示审计实践活动的内在规律，提炼出具有一般性和普遍指导性的审计理论。审计应用理论主要研究如何运用审计理论来指导审计实践活动，使审计工作能更好地达成审计目标。简单地讲，审计应用理论主要回答如何开展审计工作的问题。

掌握审计的概念：美国会计学会的定义是："为确定经济行为及经济现象的结论和所

制定的标准之间的一致程度，而对与这种结论有关的证据进行客观收集、评定，并将结果传达给利害关系人的有系统的过程。”

中国注册会计师审计准则的定义是：财务报表审计的目标是注册会计师通过执行审计工作，对财务报表的下列方面发表审计意见：①财务报表是否按照使用的会计准则和相关会计制度的规定编制；②财务报表是否在所有重大方面公允反映被审计单位的财务状况、经营成果和现金流量。

本书的定义是：审计是审计人员以财务报表和其他信息为鉴证对象信息，依据一定的标准，为实现合法、公允和效益性目标，而实施的独立的鉴证工作。

掌握会计责任和审计责任：会计责任是指在被审计单位的管理层在治理层的监督下，按照适用的会计准则和相关会计制度的规定编制财务报表所承担的责任。管理层对编制财务报表的责任具体包括：①选择适用的会计准则和相关会计制度；②选择和运用恰当的会计政策；③根据企业的具体情况，作出合理的会计估计。为了履行编制财务报表的职责，管理层通常设计、实施和维护与财务报表编制相关的内部控制，以保证财务报表不存在由于舞弊或错误而导致的重大错报。审计责任是审计人员按照审计准则的规定对财务报表发表审计意见所承担的责任。对财务报表发表审计意见，有利于提高财务报表的可信程度。为履行这一职责，审计人员应当遵守职业道德规范，按照审计准则的规定，计划和实施审计工作，获取充分、适当的审计证据，并根据获取的审计证据得出合理的审计结论，发表恰当的审计意见。审计人员通过签署审计报告确认其责任。两种责任不能相互取代。

掌握审计目标：审计目标是在一定历史环境下，人们通过审计实践活动所期望达到的境地或最终结果。它包括审计总目标和审计具体目标两个层次。审计的总目标经历了从最初的查错防弊，到目前的鉴证合法性和公允性阶段。财务报表审计的目标是注册会计师对财务报表的合法性和公允性发表审计意见。审计的具体目标是审计总目标的进一步具体化。合理确定具体审计目标，有助于审计人员按照审计准则的要求收集充分、适当的审计证据。一般说来，审计的具体目标应根据审计总目标和被审计单位管理层对会计报表的认定来确定。

了解审计准则的概念和分类：审计准则是由政府有关部门或会计师职业团体制定的，用以规范审计人员执行审计业务，获取审计证据，形成审计结论，出具审计报告的专业标准。它是审计人员在进行审计工作时应该遵循的行为规范，也是衡量审计工作质量的权威性标准。审计准则按规范的对象不同，可分为政府审计准则、内部审计准则和注册会计师执业准则等。

了解审计的职业道德和法律责任：审计的职业道德是指审计人员在开展审计工作时必须遵守的行为规范的总和，是指审计人员职业品德、职业纪律、专业胜任能力及职业责任等的总称。法律责任是指注册会计师因违约、过失或欺诈对委托人或第三方造成损害，而应按有关法律法规承担的法律后果。

掌握审计方法、过程和程序：审计方法是指审计人员为完成审计工作、实现审计目标而采取的途径、步骤和手段等。审计方法有多种分类：①按方法论来分，可分为账项基础审计、制度基础审计和风险导向审计等；②按照审计样本量来分，可分为详细审计和抽样审计；③按照审计工作的步骤来分，可分为计划阶段、实施阶段和完成阶段等；④按照审计取证的具体目的不同来分，可分为风险评估程序、控制测试程序和实质性程序等；⑤按照审计取证的具体方法来分，可分为检查、观察、询问、函证、重新计算、重新执行和分析程序等；⑥按照检查的顺序来分，可分为顺查法和逆查法等。审计过程是指审计工作从开始到结束所经过的步骤。一般包括三个主要阶段，即计划阶段、实施审计阶段和审计完成阶段。具体来讲，以注册会计师审计为例，包括接受业务委托、计划审计工作、实施风险评估程序、实施控制测试和实质性程序、完成审计工作和编制审计报告等阶段。审计程序是指审计人员为获取审计证据、得出审计结论、形成审计意见而采取的审计取证方法。审计程序可分为总体审计程序和具体审计程序。总体审计程序可分为风险评估程序、控制测试程序（必要时或决定测试时）和实质性程序等；具体审计程序可分为检查记录或文件、检查有形资产、观察、询问、函证、重新计算、重新执行和分析程序等八种类型。

掌握审计计划和审计重要性、审计风险概念：审计过程中有一个阶段是计划阶段，在此阶段，审计人员应当计划审计工作，使审计业务以有效的方式得到执行。计划审计工作包括针对审计业务制定总体审计策略和具体审计计划，以将审计风险降至可接受的低水平。总体审计策略是审计人员对审计范围、时间和审计工作方向的总体规划。具体审计计划是指审计人员为获取充分、适当的审计证据以将审计风险降至可接受的低水平，而对拟实施的审计程序的性质、时间和范围作出的具体规划。制定总体审计策略和具体审计计划的过程紧密联系，并且两者的内容也紧密相关。总体审计策略一经制定，审计人员应当针对总体审计策略中所识别的不同事项，制订具体审计计划，并考虑通过有效利用审计资源以实现审计目标。重要性取决于在具体环境下对错报金额和性质的判断。如果一项错报单独或连同其他错报可能影响财务报表使用者依据财务报表作出的经济决策，则该项错报是重大的。审计风险是指财务报表存在重大错报而审计人员发表不恰当审计意见的可能性。

掌握审计证据和审计工作底稿：审计证据是指审计人员为了得出审计结论、形成审计意见而使用的所有信息，包括财务报表依据的会计记录中含有的信息和其他信息。充分性和适当性是审计证据的两个重要特征，二者缺一不可，只有充分且适当的审计证据才是有证明力的。审计证据的充分性是对审计证据数量的衡量，主要与审计人员确定的样本量有关。一般而言，样本量越大，获得的证据越充分。审计人员需要获取的审计证据的数量受重大错报风险影响。审计证据的适当性是对审计证据质量的衡量，即审计证据在支持各类交易、账户余额、列报的相关认定，或发现其中存在错报方面具有相关性和可靠性。相关性和可靠性是审计证据适当性的核心内容，只有相关且可靠的审计证据才是高质量的。审计工作底稿，是指审计人员对制订的审计计划、实施的审计程序、获取的相关审计证据，以及得出的审计结论作出的记录，是审计人员在审计过程中形成的审计工作记录和获取的资料。

掌握审计报告：审计报告是指审计人员根据审计准则的规定，在实施审计工作的基础上对被审计单位财务报表发表审计意见的书面文件。审计意见分为无保留意见、保留意见、否定意见和无法表示意见等四类。审计报告应当包括以下要素：标题，收件人，引言段，企业对内部控制的责任段，注册会计师的责任段，内部控制的固有局限性的说明段，财务报告内部控制审计意见段，非财务报告内部控制重大缺陷描述段，注册会计师的签名和盖章，会计师事务所的名称、地址及盖章，报告日期等。

掌握内部控制的含义和内容：内部控制，是指由企业董事会、监事会、经理层和全体员工实施的，旨在实现控制目标的过程。内部控制的目标是合理保证企业经营管理合法合规、资产安全、财务报告及相关信息真实完整，提高经营效率和效果，促进企业实现发展战略。企业建立与实施有效的内部控制，应当包括内部环境、风险评估、控制活动、信息与沟通以及内部监督等要素。

了解内部控制建设的动因：企业建立内部控制是出于其自身发展的需要，也是迫于监管当局的压力。正是在这两股力量的影响下，内部控制一步步从简单的内部控制阶段发展到全面风险管理阶段。

了解内部控制建设的总体思路：企业内部控制建设就包括两个方面的内容，一方面需要设计和实施一套符合《应用指引》要求的内部控制系统；另一方面需要设计和实施一个符合《评价指引》要求的企业内部控制评价办法。

企业在设计和实施内部控制系统及其评价办法时，应基于全面风险管理理念，构建一个涵盖企业管理的不同层面，包括企业研发、采购、生产、销售、人力资源管理、财务管理、财产物质保护、信息管理等在内的全面的内部控制体系。

了解内部控制的评价和审计：内部控制评价是指由企业董事会或类似权力机构对内部控制的有效性进行全面评价，形成评价结论、出具评价报告的过程。企业内部控制审计是指会计师事务所接受委托，对特定基准日内部控制的有效性进行审计。内部控制的评价和审计不同，前者是企业自身的行为，是管理层内部控制自我评估；而后者由会计师事务所实施，是内部控制审计工作。

思考题

一、多选题

1. 下列有关内部控制与注册会计师审计工作的关系的陈述中不恰当的有（　　）。

A. 内部控制设计合理且执行有效时，注册会计师抽样的样本量可以大大减少

B. 内部控制设计科学可以直接节省注册会计师审计成本

C. 内部控制设计合理且执行有效表明财务报表不存在重大错报

D. 内部控制不值得信赖时注册会计师需要视情况扩大审计范围

2. 关于审计的分类可以从不同角度加以考虑，下列对审计的分类恰当的有（　　）。

A. 审计按主体的不同可分为政府审计、内部审计和注册会计师审计

B. 审计按目的的不同可分为合理保证审计和有限保证审计

C. 审计按内容的不同可分为财务报表审计和绩效审计

D. 审计按与被审计单位的关系不同可分为内部审计和外部审计

3. 内部控制要素包括（　　）。

A. 内部环境　　B. 风险识别　　C. 信息与沟通　　D. 内部监督

4. 依据《企业内部控制基本规范》，内部控制的目标包括（　　）。

A. 企业经营管理合法合规

B. 企业战略目标

C. 企业财务报告及相关信息真实完整、企业资产安全

D. 企业提高经营效率和效果

5. 在方法论上讲，审计方法包括（　　）。

A. 制度基础审计　　B. 报表基础审计

C. 账项基础审计　　D. 风险导向审计

二、单选题

1. 下列对审计有关概念的描述错误的是（　　）。

A. 审计的对象是被审计单位在一定时期的全部或部分经济活动的有关资料

B. 审计工作的基本目标是确保被审计单位有关资料的合法性、公允性和经济活动的合规性、效益性，并出具审计报告

C. 审计的本质是具有独立性的经济监督、评价、鉴证活动

D. 审计的价值需要通过把审计结果传递给利害关系人来实现

2. 下列有关审计监督体系的理解中，表述正确的有（　　）。

A. 政府审计是独立性最强的一种审计

B. 财务报表的合法性是财务报表使用者最为关心的

C. 注册会计师审计意见旨在提高财务报表的可信赖程度

D. 内部审计是注册会计师审计的基础

3. 审计过程中，审计程序是否应该执行，是否必要，往往取决于（　　）。

A. 审计人员的判断　　B. 审计准则

C. 内部控制评价　　D. 审计风险

4. 审计的职业道德中，（　　）是审计工作的灵魂。

A. 独立性　　B. 客观性　　C. 公正性　　D. 权威性

5. （　　）既是审计工作底稿，又是审计证据。

A. 被审计单位的会计报表　　B. 规章制度

C. 审计工作方案　　D. 审计人员的计算分析资料

6. 审计人员未能发现会计报表中存在的重要错报漏报而发表无保留意见并承担相应责任的可能性称为（　　）。

A. 审计重要性　　B. 审计必要性　　C. 审计风险　　D. 审计可能性

三、判断题

1. 审计风险模型的建立，不仅从理论上解决了审计人员以制度为基础采用抽样审计的随意性，而且解决了审计资源的分配问题，要求审计人员将审计资源分配到最容易导致会计报表出现重大错报的领域。（　　）

2. 现代审计在市场经济中的特殊作用是防止错误和舞弊的发生。（　　）

3. 审计风险与重要性之间存在反向关系。重要性水平越高，审计风险越低；重要性水平越低，审计风险越高。（　　）

4. 审计人员应合理保证财务报表的可靠性。（　　）

5. 在运用制度基础审计时，不再实施详细审计，只采用抽样审计。（　　）

6. 制度基础审计是把企业内部控制作为审计的重点，将大量时间花费在控制测试上。(　　)

7. 根据《企业内部控制基本规范》要求，执行内部控制规范的上市公司应披露年度自我评价报告。(　　)

8. 在内部控制框架中，风险评估是其他要素的基础。(　　)

9. 一个公司只要建立了完善的内部控制系统并有效实施，就可以避免舞弊和差错的发生。(　　)

10. 内部控制本身就是企业应该实现的一个目标。(　　)

四、简答题

1. 如何理解审计的定义？
2. 简述审计方法的演进过程。
3. 简述会计责任和审计责任的联系与区别。
4. 简述审计证据的充分性和适当性。
5. 简述总体审计程序和具体审计程序。
6. 简述审计报告的要素。
7. 简述内部控制的含义和内容。

练习题

一、(审计目标——认定) S 审计人员负责对 T 公司 2008 年度财务报表进行审计。相关资料如下：

1. T 公司主要从事 A 产品的生产和销售，无明显产销淡旺季。产品销售采用赊销方式，正常信用期为 20 天。

在 A 产品生产成本中，a 原材料成本占重大比重。a 原材料在 2008 年的年初、年末库存均为零。A 产品的发出计价采用移动加权平均法。

2. 2008 年度，T 公司所处行业的统计资料显示，生产 A 产品所需 a 原材料主要依赖进口，汇率因素导致 a 原材料采购成本大幅上涨；替代产品面市使 A 产品的市场需求减少，市场竞争激烈，导致销售价格明显下跌。

要求：

如果 T 公司 2008 年度财务报表存在重大错报风险，指出重大错报风险主要与哪些财务报表项目的哪些认定相关，并将答案填入下表。

表 1

财务报表项目	认定

（续上表）

财务报表项目	认定

二、（审计方法、过程和程序）承上题。T公司2008年度未经审计财务报表及相关账户记录如下：

1. A产品2007年度和2008年度的销售记录：

表2

产品名称	2008年度（未审数）			2007年度（已审数）		
	数量（吨）	营业收入（万元）	营业成本（万元）	数量（吨）	营业收入（万元）	营业成本（万元）
A产品	900	50 000	40 000	800	40 000	34 000

2. A产品2008年度收发存记录：

表3

日期及摘要	入库			出库			库存		
	数量（吨）	单价（万元）	金额（万元）	数量（吨）	单价（万元）	金额（万元）	数量（吨）	单价（万元）	金额（万元）
年初余额							0	0	0
1月3日入库	80	60	4 800				80	60	4 800
1月4日出库				70	60	4 200	10	60	600
2月9日入库	80	55	4 400				90	55.56	5 000
（略）									
11月30日出库				75	52	3 900	75	52	3 900
12月2日入库	75	48	3 600				150	50	7 500
12月9日出库				150	50	7 500	0	0	0
年末余额							0	0	0

3. 与销售A产品相关的应收账款变动记录：

表4

日期及摘要	借方（万元）	贷方（万元）	余额（万元）
2008年年初余额			3 000
2008年1月2日收款		2 700	300
2008年1月4日赊销	5 000		5 300
（略）			
2008年11月30日收款		2 500	600
2008年12月9日赊销	9 000		9 600
2008年年末余额			9 600
2009年年初余额			9 600
2009年1月25日赊销	3 000		12 600
2009年1月31日余额			12 600

要求：

根据上述资料，假定不考虑其他条件，运用分析程序识别T公司2008年度财务报表是否存在重大错报风险，并列示分析过程和分析结果。

三、（审计计划——总体审计策略和具体审计计划）承上题。要求：

1. 假定T公司存在财务报表层次重大错报风险，作为审计项目组负责人，S审计人员应当考虑采取哪些总体应对措施？

2. 假定评估的T公司财务报表层次重大错报风险属于高风险水平，指出S审计人员拟实施进一步审计程序的总体方案通常更倾向于何种方案。

四、（审计计划——审计重要性）S审计人员对T公司2008年度的财务报表进行审计。T公司未经审计的2008年度的部分会计资料如下：

表5

项目	金额（万元）
2008年度主营业务收入	120 000
2008年度主营业务成本	100 000
2008年度利润总额	18 000
2008年度净利润	12 060
2008年12月31日资产总额	90 000
2008年12月31日长期股权投资	36 000

（续上表）

项目	金额（万元）
2008年12月31日股东权益	44 000
其中：	
股本（每股面值1元）	20 000
资本公积	4 000
盈余公积	3 600
未分配利润	16 400

要求：

如果以资产总额、净资产（股东权益）、主营业务收入和净利润作为判断基础，采用固定比率法，并假定资产总额、净资产、主营业务收入和净利润的固定百分比数值分别为0.5%、1%、0.5%和5%，请代S审计人员计算确定T公司2008年度财务报表层次的重要性水平，并简要说明理由。

五、（审计证据）S审计人员在对T公司2008年度财务报表进行审计时，收集到以下6组审计证据：

1. 收料单与购货发票；
2. 销货发票副本与产品出库单；
3. 领料单与材料成本计算表；
4. 工资计算单与工资发放单；
5. 存货盘点表与存货监盘记录；
6. 银行询证函回函与银行对账单。

要求：

请分别说明每组审计证据中哪项审计证据较为可靠，并简要说明理由。

六、（审计报告）S审计人员于2009年2月15日完成了对T公司2008年12月31日资产负债表及该年度的利润表、现金流量表的外勤审计工作，在复核工作底稿时，发现以下需要考虑的事项：

该公司全部存货占资产总额的50%以上，放置于邻近单位仓库内。由于此仓库倒塌尚未清理完毕，不仅无法估计损失，也无法实施监盘程序。

要求：

分析上述情况，指出应出具的审计报告类型，并简要说明理由。

七、（内部控制）T公司请注册会计师就下列问题提供咨询服务。该公司有3位员工拟分担以下工作：

1. 记录并保管总账；
2. 记录并保管应付账款明细账；

3. 记录货币资金日记账；
4. 记录、填写支票；
5. 调节银行存款日记账与银行存款对账单；
6. 保管并送存现金收入。

要求：

应如何将这6项工作分配给3位员工，才能达到内部控制的要求？

案例分析

A公司销售业务审计案例

一、背景资料

A公司是一家生产和销售高端清洁用品的外商独资企业，其产品主要用于星级酒店宾馆和大型饭店。除了在北京、上海直接向终端客户销售外，在全国其他地区均向省级或市级经销商销售。

该公司提供的财务报表显示：2008年度销售收入为112 655 260元，比上一年增长21%（董事会制定的当年预算目标是增长20%）。2008年12月31日应收账款余额为39 560 810元，组成情况如下：共有226个客户，其中9个客户（均为省级经销商）的余额在100万以上，占应收账款总额的38%，其余客户的余额均小于30万。此外余额为10万元以上且账龄超过1年的应收账款客户有15家。

2008年12月31日坏账准备余额为1 879 830元。该公司采用账龄分析法和个别认定法相结合的方式计提坏账准备，其中账龄分析法为：对应应收账款余额，账龄6个月以上1年以下的为10%；1年以上2年以下的为50%。2年以上的为100%。A公司2007、2008年销售业务情况如表6所示。

表6　　A公司2007、2008年销售业务情况表　　单位：元

	2008年	2007年
应收账款	39 560 810	27 765 338
坏账准备	1 879 830	1 707 400
销售收入	112 655 260	93 103 520
应收账款周转天数（天）	108	92

该公司2008年度的税前利润为8 475 623元，总体重要性水平为423 781元（税前利润的5%）。

二、注册会计师对销售业务流程的风险评估和进一步审计程序的方案

由于销售业务的重要性及其固有风险，注册会计师认为销售收入和应收账款层次的“发生”或者“存在”和“准确性”认定存在重大错报风险。

被审计单位在2008年以放宽授信额度来增加销售收入，导致货款回收速度放缓，应

收账款余额大幅上升，但坏账准备余额与去年基本持平。注册会计师认为应收账款的计价认定存在风险，即年末坏账准备的计提很可能不够。

基于以前年度对该公司的了解，以及本年度对该公司环境、经营状况、内部控制等方面的了解和评估，注册会计师决定对应收账款采用综合性审计方案。

注册会计师对销售收入、应收账款余额和坏账准备余额拟实施以下的进一步审计程序：①控制测试；②实质性程序。下面分别予以介绍。

三、控制测试

（一）设计和实施控制测试

注册会计师从销售流程中选取了一些关键的控制进行测试。

1. 业绩评价控制测试

所测试的控制：销售主管每月审核按客户分列的销售收入（包括与上月销售额和本月预算额的比较）和应收账款（包括当月货款回收金额和月末余额）汇总表，对其中的重大差异和异常情况进行跟进分析，编制分析报告并呈报销售经理和总经理。总经理与销售经理审阅后讨论解决措施。

相关的财务报表认定：销售收入的发生、准确性、完整性以及应收账款的存在、准确性。

测试程序：该控制是月度控制，注册会计师决定选取 2 月、6 月、10 月、11 月这 4 个月份测试该控制。注册会计师分别与总经理和销售经理就上述 4 个月份的分析报告进行讨论，证实他们确实审阅了该报告并对重大差异和异常情况进行了调查和跟进。事后注册会计师还通过询问销售经理和相关销售人员印证了当时所采取的跟进措施。销售收入和应收账款汇总表由财务系统自动生成并与当月财务报表的销售收入总额和应收账款余额一致，注册会计师核对了上述 4 个月份的财务报表，证实无误。

测试结果：该控制有效运行，注册会计师对该控制可以信赖。

2. 人工控制测试

所测试的控制：对每一笔销售收入，销售部专职秘书将客户订单、客户已签收的送货单（所有货物由物流公司运送）以及发票（计算机发票由销售部开具）上的客户名称、货物品种、数量、价格进行核对，并在发票记账联盖“核对确认无误”章，交给财务部作为确认销售收入的凭证。对于数据不符的交易则进行调查并调整。

相关的财务报表认定：销售收入的发生、准确性、完整性以及应收账款的存在、准确性。

测试程序：该控制为人工控制，每天发生数次，注册会计师为了获取较高程度的保证，决定抽取每月 5 个共 60 个样本。该测试是双重目的测试，既可测试控制运行的有效性，同时也是针对销售收入的细节测试。注册会计师询问了执行该控制的销售部专职秘书和负责记录销售收入的会计人员，确认该控制确实得到执行。注册会计师从销售收入明细账中抽取 60 笔交易，核对客户订单、客户已签收的送货单以及发票，以检查有关信息是否一致，发票记账联上是否有“核对确认无误”章，以及入账金额是否准确。

测试结果：没有发现例外情况。该控制有效运行。注册会计师对该控制可以信赖。

（二）控制测试结果及其对实质性程序的影响

综合以上控制测试的结果显示，针对销售收入的发生、准确性、完整性以及应收账款的存在、准确性认定的控制是有效运行的，注册会计师对控制有较高程度的信赖，只需要从实质性程序中获取较低程度的保证。

四、实质性程序

（一）对销售收入及应收账款实施实质性分析程序（略）

（二）对应收账款和坏账准备实施细节测试

1. 应收账款函证

由于从控制测试中获得了较高程度的信赖，注册会计师只需要从细节测试中获取较低程度的保证。因此，注册会计师决定采用选取特定项目进行测试的方法选取函证样本，符合下列条件之一的选为样本：①应收账款余额 100 万元以上；②年购买量 500 万元以上；③应收账款余额 10 万元以上且账龄超过 1 年的。有 35 家客户符合上述条件，总金额为 18 593 581 元，覆盖率为 47%。函证结果如下：

（1）26 家回函确认无误。

（2）3 家回函存在付款时间性差异，即年末客户已付款而被审计单位尚未收到，经查看次年 1 月初银行对账单确认无误。

（3）6 家没有回函。

前两项 29 家回函总金额为 13 272 566 元，函证的实际覆盖率为 34%。

2. 替代程序

对上述没有回函的应收账款余额 5 321 015 元实施替代程序，查看了期后收款。截至审计现场工作结束，共收回货款 2 866 390 元，对剩余的金额 2 454 625 元查看了相应的原始凭证（订单、发货单、发票，还款协议，与客户的往来信件等），没有发现差异。替代程序的实际覆盖率为 13%。

3. 检查风险水平

应收账款余额函证及替代程序的总体覆盖率为 47%。对于没有函证的 53%，由于相关控制是有效运行的，实施实质性分析程序未发现误差，注册会计师判断重大错报风险水平较低，因而可接受一个较高的检查风险水平。对于未函证的 53%，注册会计师采用审计抽样（一个相对较小的样本即可）的方法予以函证，结果是推断的错报未超过应收账款可容忍错报。

4. 验证应收账款账龄分析报告的准确性

注册会计师采取审计抽样的方法，选取 40 笔交易检查销售发票并验证是否归入正确的账龄期间。测试结果没有发现错误，可以证实账龄分析报告的准确性。

5. 被审计单位管理层

向总经理和销售经理询问他们对应收账款可回收性的评估；重新计算坏账准备的计提；对账龄较长而未计提坏账准备的应收账款余额，查看还款协议和实际付款记录。注册会计师发现有一笔 339 465 元账龄超过两年的应收账款，该客户签订还款协议承诺 2008 年 12 月 31 日之前支付 100 000 元，到审计现场工作时（2009 年 3 月）仍未支付，目前被审计单位已停止向对方供货；另一笔 133 287 元账龄未满六个月的应收账款，该客户是一家连锁餐厅，最近因资金链出现问题，拖欠租金和供应商货款而被起诉，该笔货款很可能无法收回。对上述两笔可能无法收回的应收账款共计 472 752 元被审计单位均未计提坏账准备。注册会计师建议作审计调整并计划向被审计单位管理层报告该事项。

6. 对销售收入及应收账款事实的其他实质性程序（这里不再展开）

（中国注册会计师协会．审计．北京：经济科学出版社，2007）

问题：

1. 您认为本案例中，注册会计师对 A 公司销售业务的审计符合现代风险导向审计的要求吗？

2. 通过对本案例的阅读，您对会计、审计和内部控制知识之间的关系有何认识？

参考答案

第二章

思考题

一、多选题

1. ACD　2. ABCD　3. ABC　4. ABCD　5. ACD　6. ABD

7. ABD　8. ABCD

二、判断题

1. ×

企业是一个经济主体，也可能是一个法律主体。

2. ×

财务报表反映的是一个企业某个时点的财务状况，以及某个时期的经营成果和现金流量。

3. ×

资产是指企业过去的交易或事项形成的，由企业拥有或控制的，预期会给企业带来经济利益的经济资源。

4. ×

所有者权益又称剩余权益，企业在取得利润后，先支付债务人的利息，剩余为投资者所有，全部利润的一部分以利润分配形式分配给投资者，剩余作为企业的留存收益。

5. √

6. √

7. √

8. ×

总分类账户是根据一级会计科目设置的基本账户，它的余额与所属明细分类账的余额总数相等，而且方向一致。

9. ×

坏账准备属应收账款的抵消科目，属于资产类科目。

10. ×

借贷记账法中“借”、“贷”是一种记账符号，“借”表示资产等类型账户的增加，“贷”表示负债等类型账户的减少，资产的余额在借方，负债与所有者权益的余额在贷方。

三、连线题

1.

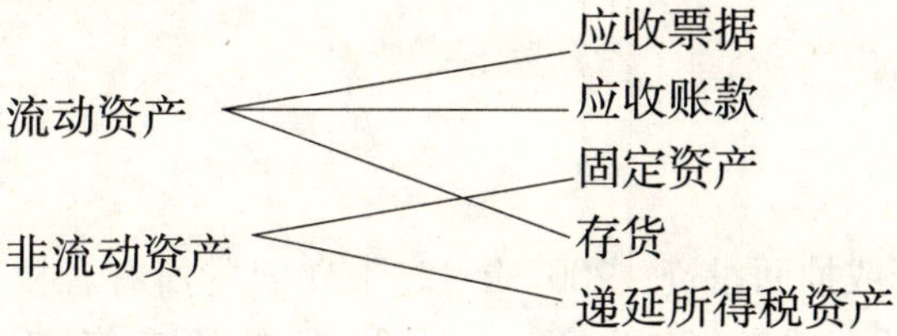
应收票据
流动资产
应收账款
固定资产
存货
非流动资产
递延所得税资产

2.

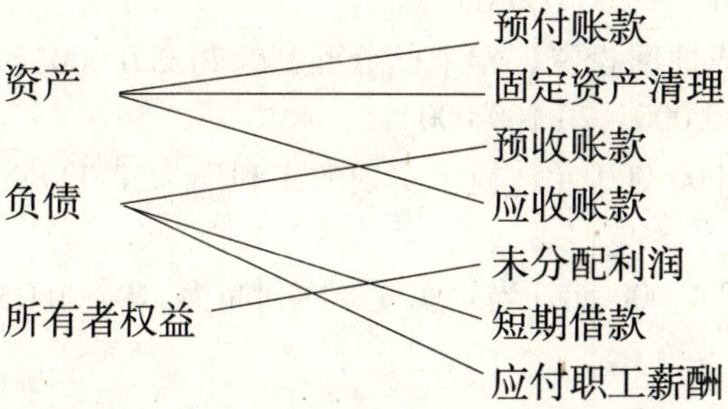
预付账款
资产
固定资产清理
预收账款
负债
应收账款
未分配利润
所有者权益
短期借款
应付职工薪酬

3.

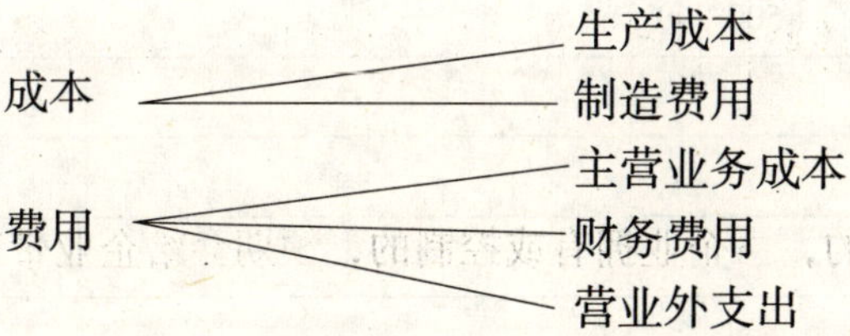
生产成本
成本
制造费用
主营业务成本
费用
财务费用
营业外支出

4.

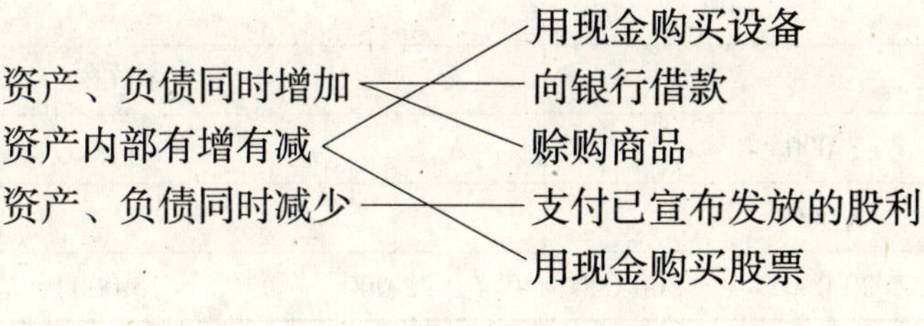
用现金购买设备
资产、负债同时增加
向银行借款
资产内部有增有减
赊购商品
资产、负债同时减少
支付已宣布发放的股利
用现金购买股票

5.

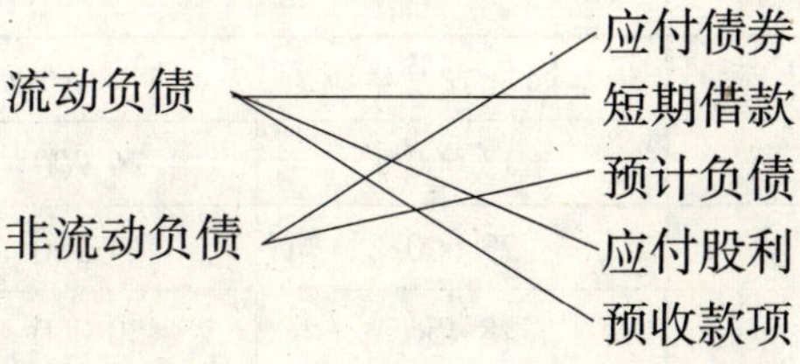
应付债券
流动负债
短期借款
预计负债
非流动负债
应付股利
预收款项

四、简答题

略

练习题

一、

1. 假如投资者在2008年未追加投资或抽回投资，2007年12月31日的所有者权益为300 000 000元（500 000 000 − 200 000 000），2008年12月31日的所有者权益为400 000 000元（650 000 000 − 250 000 000），年末所有者权益减去年初所有者权益即为当年实现的净利润100 000 000元（400 000 000 − 300 000 000）。

2. 假如投资者在2008年未追加投资或抽回投资，年末已分配利润20 000 000元。当年实现的净利润为120 000 000元（100 000 000 + 20 000 000）。

3. 假如投资者在2008年追加投资50 000 000元。当年实现的净利润为50 000 000元（100 000 000 − 50 000 000）。

4. 假如投资者在2008年抽回投资10 000 000元。当年实现的净利润为110 000 000元（100 000 000 + 10 000 000）。

二、

业务	资产	=	负债	+	所有者权益 + （	收入	−	成本或费用）
业务1	+500 000				+500 000			
业务2	−50 000 +50 000							
业务3	+2 000 −2 000							
业务4	+5 000 −5 000							
业务5	+20 000		+20 000					
业务6	+20 000 +2 000					+22 000		
业务7	−2000							+2 000
业务8	−10 000							+10 000
业务9			+3 000					+3 000
业务10	−3 000		−3 000					
合计	527 000	=	20 000	+	500 000 + （	22 000	−	15 000）

三、

账户名称	期初余额	本期借方发生额	本期贷方发生额	期末余额
银行存款	20 000	14 500	13 600	***20 900***
应收账款	***31 980***	5 600	23 000	14 580
预收账款	50 000	***28 456***	8 456	30 000

（续上表）

账户名称	期初余额	本期借方发生额	本期贷方发生额	期末余额
长期借款	100 000	50 000	25 000	***75 000***
原材料	54 360	60 000	***68 730***	45 630
库存商品	65 320	***17 110***	54 630	27 800
应付账款	***34 000***	89 000	120 000	65 000
预付账款	30 000	0	17 800	***12 200***
应交税费	54 000	56 000	62 000	***60 000***
实收资本	800 000	0	***150 000***	950 000
资本公积	120 000	***0***	120 000	240 000

四、

业务1：投资者投入100 000元，存入银行；

业务2：以银行存款购买固定资产50 000元；

业务3：购买原材料45 000元，现金支付10 000元，余款未付；

业务4：预付购货款25 000元；

业务5：借入短期借款60 000元；

业务6：归还应付账款35 000元；

业务7：投入者抽回资本40 000元；

业务8：取得收入40 000元，存入银行；

业务9：预付货款商品入库；

业务10：耗用原材料28 000元。

五、

1. 设置账户，将上述经济业务登入相应的账户：

(1)

银行存款

期初 65 000	
① 100 000	

实收资本

	期初 180 000
	① 100 000

(2)

银行存款

期初	65 000		
①	100 000	②	48 000

原材料

期初	50 000		
②	48 000		

(3)

原材料

期初	50 000		
②	48 000		
③	15 000		

预付账款

期初	25 000		
		③	15 000

(4)

银行存款

期初	65 000		
①	100 000	②	48 000
		④	50 000

应付账款

		期初	25 000
		④	35 000

固定资产

期初	100 000		
④	85 000		

(5)

银行存款

期初	65 000		
①	100 000	②	48 000
		④	50 000
		⑤	4 300

应付职工薪酬

		期初	4 300
⑤	4 300		

(6)

银行存款

期初	65 000		
①	100 000	②	48 000
		④	50 000
		⑤	4 300
		⑥	3 500

应交税费

		期初	3 500
⑥	3 500		

(7)

现金

期初	4 800		
⑦	15 000		

应收账款

期初	28 000		
⑦	5 000		

主营业务收入

		⑦	20 000

(8)

银行存款

期初	65 000		
①	100 000	②	48 000
		④	50 000
		⑤	4 300
		⑥	3 500
⑧	10 000		

现金

期初	4 800		
⑦	15 000	⑧	10 000

(9)

原材料

期初	50 000		
②	48 000	⑨	8 000
③	15 000		

主营业务成本

⑨	8 000		

(10)

银行存款

期初	65 000		
①	100 000	②	48 000
		④	50 000
		⑤	4 300
⑧	10 000	⑥	3 500
		⑩	2 000

管理费用

⑩	2 000		

(11)

银行存款

期初	65 000		
①	100 000	②	48 000
		④	50 000
		⑤	4 300
⑧	10 000	⑥	3 500
		⑩	2 000
		⑪	25 000

应付账款

		期初	25 000
⑪	25 000	④	35 000

2. 根据各账户的期初余额，计算其本期发生额和期末余额：

银行存款

期初	65 000		
①	100 000	②	48 000
		④	50 000
		⑤	4 300
⑧	10 000	⑥	3 500
		⑩	2 000
		⑪	25 000
发生额	110 000	发生额	132 800
期末	42 200		

应付账款

		期初	25 000
⑪	25 000	④	35 000
本期	25 000	本期	35 000
		期末	35 000

原材料

期初	50 000		
②	48 000	⑨	8 000
③	15 000		
本期	63 000	本期	8 000
期末	105 000		

主营业务成本

⑨	8 000		
本期	8 000		

管理费用

⑩	2 000		
本期	2 000		

现金

期初	4 800		
⑦	15 000	⑧	10 000
本期	15 000	本期	10 000
期末	9 800		

固定资产

期初	100 000		
④	85 000		
本期	85 000		
期末	185 000		

主营业务收入

		⑦	20 000
		本期	20 000

预付账款

期初	25 000		
		③	15 000
		本期	15 000
期末	10 000		

实收资本

		期初	180 000
		①	100 000
		本期	100 000
		期末	280 000

应收账款

期初	28 000		
⑦	5 000		
本期	5 000		
期末	33 000		

应付职工薪酬

		期初	4 300
⑤	4 300		
本期	4 300		
期末	0		

应交税费

		期初	3 500
⑥	3 500		
本期	3 500		
		期末	0

3. 编制试算平衡表：

总分类账户本期发生额及余额试算平衡表

账户名称	期初余额		本期发生额		期末余额	
	借方	贷方	借方	贷方	借方	贷方
现金	4 800		15 000	10 000	9 800	
银行存款	65 000		110 000	132 800	42 200	
应收账款	28 000		5 000		33 000	
预付账款	25 000			15 000	10 000	
原材料	50 000		63 000	8 000	105 000	
固定资产	100 000		85 000		185 000	

（续上表）

账户名称	期初余额		本期发生额		期末余额	
	借方	贷方	借方	贷方	借方	贷方
短期借款		50 000				50 000
应付账款		25 000	25 000	35 000		35 000
预收账款		10 000				10 000
应交税费		3 500	3 500			0
应付职工薪酬		4 300	4 300			0
实收资本		180 000		100 000		280 000
主营业务收入				20 000		
主营业务成本			8 000			
管理费用			2 000			
未分配利润						10 000 *
合计	272 800	272 800	320 800	320 800	385 000	385 000

* 10 000 为本月主营业务收入减去主营业务成本和管理费用后转入的未分配利润。

案例分析

1. 正确处理的业务有业务 1、业务 5 和业务 14，其余的业务处理均不正确。各业务的正确处理如下：

序号	业务摘要	账户名称	借方	贷方
1	因天气太热，所有者又投入空调两台，每台价值 3 000 元	固定资产	6 000	
		实收资本		6 000
2	购买汽车修理用原材料 5 000 元，已支付 2 000 元，其余货款未付	原材料	5 000	
		银行存款		2 000
		应付账款		3 000
3	预收到客户 A 一笔修理收入 8 000 元	银行存款	8 000	
		预收账款		8 000
4	因公司周转资金不够，所有者又投入 20 000 元	银行存款	20 000	
		实收资本		20 000
5	偿还上月所欠货款 2 000 元	应付账款	2 000	
		银行存款		2 000

（续上表）

序号	业务摘要	账户名称	借方	贷方
6	取得10年期借款50 000元	银行存款	50 000	
		长期借款		50 000
7	签发票据偿还到期货款3 000元	应付账款	3 000	
		应付票据		3 000
8	向供应商预付10 000元以购买修理用原材料	预付账款	10 000	
		银行存款		10 000
9	偿还期限为半年的到期借款3 000元	短期借款	3 000	
		银行存款		3 000
10	向股东宣布并发放上半年股利8 000元	利润分配——应付股利	8 000	
		银行存款		8 000
11	为已预付了修理费的客户A提供修理服务，共获得修理收入8 000元	预收账款	8 000	
		主营业务收入		8 000
12	获得汽车修理收入30 000元，20 000元已转账到银行，其余未付	银行存款 应收账款	20 000 10 000	
		主营业务收入		30 000
13	为修理汽车领用的原材料为18 000元	主营业务成本	18 000	
		原材料		18 000
14	转账支付本月水电费共680元	管理费用	680	
		银行存款		680
15	通过银行转账支付修理人员工资3 000元	应付职工薪酬	3 000	
		银行存款		3 000

2. 业务2、12、13这三笔业务的处理会导致试算平衡表不平衡。

第三章

思考题

一、多选题

1. ABC　2. AB　3. ACD　4. CD　5. ABD　6. ABCD

二、判断题

1. ×

收据可以作为登记经济业务会计分录的原始凭证，但不是发票。

2. √
3. ×
总账是根据一级会计科目来开设的，是编制会计报表的主要依据。
4. √
5. √
6. ×
只有实账户才有账户余额。

三、简答题

略

练习题

一、

1. 借：银行存款	500 000	
贷：实收资本		500 000
2. 借：待摊费用	60 000	
贷：银行存款		60 000
3. 借：管理费用	1 500	
贷：银行存款		1 500
4. 借：固定资产	28 500	
贷：银行存款		28 500
5. 借：现金	2 000	
贷：银行存款		2 000
6. 借：管理费用	450	
贷：现金		450
7. 借：库存商品	100 000	
贷：银行存款		65 000
应付账款		35 000
8. 借：银行存款	50 000	
应收账款	30 000	
贷：主营业务收入		80 000
9. 借：管理费用	3 500	
贷：应付职工薪酬		3 500
10. 借：应付职工薪酬	3 500	
贷：银行存款		3 500
11. 借：管理费用	1 000	
贷：银行存款		1 000
12. 借：管理费用	1 580	
贷：银行存款		1 580

二、

1. 借：银行存款	200 000	
贷：长期借款		200 000
2. 借：固定资产	900 000	
贷：银行存款		450 000
长期应付款		450 000
3. 借：库存商品	200 000	
贷：银行存款		100 000
应付账款		100 000
4. 借：银行存款	15 000	
应付账款	35 000	
贷：短期借款		50 000
5. 借：其他应收款——李林	2 000	
贷：银行存款		2 000
6. 借：固定资产	15 000	
贷：银行存款		15 000
7. 借：现金	4 500	
贷：预收账款		4 500
8. 借：银行存款	200 000	
应收账款	50 000	
贷：主营业务收入		250 000
9. 借：银行存款	25 000	
贷：应收账款		25 000
10. 借：销售费用	2 580	
贷：其他应收款——李林		2 000
现金		580
11. 借：管理费用	480	
贷：现金		480
12. 借：主营业务成本	180 000	
贷：库存商品		180 000
13. 借：管理费用	3 000	
销售费用	2 000	
贷：应付职工薪酬		5 000
14. 借：应付职工薪酬	4 500	
贷：银行存款		4 500
15. 借：管理费用	3 120	
贷：银行存款		3 120

三、

1. 开设T形账户，将会计分录过入各相应账户并计算各账户的本期发生额和实账户的期末余额：

银行存款

期初	386 920		
①	200 000	②	450 000
④	15 000	③	100 000
⑧	200 000	⑤	2 000
⑨	25 000	⑥	15 000
		⑭	4 500
		⑮	3 120
发生额	440 000	发生额	574 620
期末	252 300		

应付账款

		期初	35 000
④	35 000	③	100 000
本期	35 000	本期	100 000
		期末	100 000

库存商品

期初	50 000		
③	200 000	⑫	180 000
本期	200 000	本期	180 000
期末	70 000		

主营业务成本

⑫	180 000		
本期	180 000		

管理费用

⑪	480		
⑬	3 000		
⑮	3 120		
本期	6 600		

现金

期初	1 550		
⑦	4 500	⑩	580
		⑪	480
本期	4 500	本期	1 060
期末	4 990		

销售费用

⑩	2 580		
⑬	2 000		
本期	4 580		

固定资产

期初	28 500		
②	900 000		
⑥	15 000		
本期	915 000		
期末	943 500		

主营业务收入

		⑧	250 000
		本期	250 000

预收账款

		期初	0
		⑦	4 500
		本期	4 500
		期末	4 500

长期应付款

		期初	0
		②	450 000
		本期	450 000
		期末	450 000

应收账款

期初	30 000		
⑧	50 000	⑨	25 000
本期	50 000	本期	25 000
期末	55 000		

应付职工薪酬

		期初	0
⑭	4 500	⑬	5 000
本期	4 500	本期	5 000
		期末	500

短期借款

		期初	0
		④	50 000
		本期	50 000
		期末	50 000

长期借款

		期初	0
		①	200 000
		本期	200 000
		期末	200 000

2. 编制试算平衡表：

总分类账户本期发生额及余额试算平衡表

单位：元

账户名称	期初余额		本期发生额		期末余额	
	借方	贷方	借方	贷方	借方	贷方
现金	1 550		4 500	1 060	4 990	
银行存款	386 920		440 000	574 620	252 300	
应收账款	30 000		50 000	25 000	55 000	
其他应收款			2 000	2 000	0	
库存商品	50 000		200 000	180 000	70 000	
待摊费用	60 000				60 000	
固定资产	28 500		915 000		943 500	
短期借款				50 000		50 000
应付账款		35 000	35 000	100 000		100 000
预收账款				4 500		4 500
应付职工薪酬			4 500	5 000		500
长期应付款				450 000		450 000
长期借款				200 000		200 000
实收资本		500 000				500 000
主营业务收入				250 000		
主营业务成本			180 000			
销售费用			4 580			
管理费用			6 600			
未分配利润		21 970				80 790 *
合计	556 970	556 970	1 842 180	1 842 180	1 385 790	1 385 790

* 80 790 元为 21 970 元和 58 820 元之和，58 820 元为本月主营业务收入减去主营业务成本、销售费用和管理费用后转入的未分配利润。

四、

1. 计算该公司当年的净利润：

净利润 = 主营业务收入 − 主营业务成本 − 管理费用

= 100 000 − 70 000 − 15 000

= 15 000 元

2. 计算当年银行存款增减变动额和年底银行存款余额：

应收账款

期初	42 000		
赊销	100 000	轧算减少	62 000
本期	100 000	本期	62 000
期末	80 000		

应付账款

		期初	25 000
轧算减少	77 000	赊购	70 000
本期	77 000	本期	70 000
		期末	18 000

银行存款

期初	58 000		
应收款减少	62 000	应付款减少	77 000
		支付管理费	15 000
本期	62 000	本期	92 000
期末	28 000		

3. 请回答为何当年净利润与当年新增银行存款金额不一致：

当年的净利润为 15 000 元，相反当年银行存款减少 30 000 元。原因是银行存款是根据收付实现制来计算的。

五、

1. 编制更正分录：

（1）

借：周转材料　　1 800

　贷：应付账款　　1 800

借：固定资产　　1 800

　贷：应付账款　　1 800

或：

借：固定资产　　1 800

　贷：周转材料　　1 800

（2）

借：银行存款　　90

　贷：应收账款　　90

（3）

借：管理费用　　570

　贷：现金　　570

借：销售费用 570
　贷：现金 570
或：
借：销售费用 570
　贷：管理费用 570
(4)
借：应收账款 2 000
　贷：主营业务收入 2 000
借：银行存款 2 000
　贷：主营业务收入 2 000
(5)
借：主营业务成本 500
　贷：库存商品 500
借：管理费用 500
　贷：库存商品 500
2. 编制正确的试算表：

会计科目	借方	贷方
现金	800	
银行存款	12 000	
应收账款	3 000	
库存商品	35 920	
周转材料	5 000	
固定资产	66 580	
应付账款		8 500
应付职工薪酬		5 300
实收资本		105 000
主营业务收入		32 400
主营业务成本	22 500	
销售费用	4 830	
管理费用	570	
合计	151 200	151 200

案例分析

1. 会平衡。

2. 更正前利润	18 500
（1）漏记销售收入	1 000
（2）资本化而费用化了的费用	240
（3）采购成本多记了500元	500
（4）漏记费用150元	（150）
（5）漏记期末文具，导致多计费用	240
（6）销售返还，误记为采购返还，导致多计销售收入，少计采购成本	（460）
更正后的净利润	19 870

第四章

思考题

一、多选题

1. AC　2. ABD　3. ABD　4. ABD　5. BCD　6. ABC

二、判断题

1. √

2. ×

权责发生制是以权利或义务的发生与否为标准来确认收入与费用的，而本期经济业务的发生与否是判断权利或义务发生与否的基本前提。

3. ×

预提费用是指本期已发生，应由本期负担但还未支付款项的费用。

4. √

5. √

6. √

三、简答题

略

练习题

一、

1. 根据收付实现制与权责发生制分别确定两种制度下的收入与费用项目（在下表中用"√"表示）及金额：

	收付实现制		权责发生制	
	收入	费用	收入	费用
1. 本月销售商品50 000元，货款未收			√	
2. 收到某企业订货款15 000元，商品尚未发出	√			
3. 收到上期商品销货款30 000元	√			
4. 支付本月水电费4 500元		√		√
5. 计提本月折旧费8 500元				√
6. 预提本月银行借款利息1 580元				√
7. 支付本季度利息费用4 740元		√		
8. 预付下一季度保险费用3 000元		√		
9. 摊销本月保险费用1 000元				√
10. 本月购进商品30 000元，货款已付		√		
11. 结转本月销货成本28 000元				√
合计	45 000	42 240	50 000	43 580

2. 两种方式下的利润分别是2 760元（45 000 - 42 240）和6 420元（50 000 - 43 580），差异的原因是两种制度在确定收入（分别为45 000元和50 000元）和费用上（分别为42 240元和43 580元）的标准不同所导致的。

二、

1. 借：财务费用 562.5
   贷：预提费用 562.5
   借：预提费用 1 687.5
   贷：银行存款 1 687.5
2. 借：待摊费用 3 600
   贷：银行存款 3 600
   借：管理费用 1 200
   贷：待摊费用 1 200
3. 借：预收账款 50 000
   贷：主营业务收入 50 000
4. 借：银行存款 36 000
   贷：预收账款 36 000
5. 借：银行存款 25 000
   贷：预收账款 25 000
   借：预收账款 25 000
   贷：主营业务收入 25 000
6. 借：制造费用 30 000
   管理费用 10 000
   贷：累计折旧 40 000

7. 借：销售费用 36 800
贷：周转材料 36 800

三、

项目	漏账的影响				
	1	2	3	4	5
收入					-
成本或费用	-	-	-	-	
净利润	+	+	+	+	-
流动资产				+	-
非流动资产		+			
流动负债	-		-		
非流动负债					
所有者权益	+	+	+	+	-

四、

1. 编制会计分录：

（1）借：固定资产 50 000
贷：应付账款 50 000

（2）借：应付账款 20 000
贷：银行存款 20 000

（3）借：管理费用 1 500
贷：其他应收款 1 000
现金 500

（4）借：应付职工薪酬 10 000
贷：银行存款 10 000

（5）借：库存商品 30 000
贷：银行存款 15 000
应付账款 15 000

（6）借：待摊费用 12 000
贷：银行存款 12 000

（7）借：银行存款 80 000
贷：主营业务收入 80 000

（8）借：管理费用 4 000
销售费用 8 000
贷：应付职工薪酬 12 000

（9）借：管理费用　　5 000
　　　贷：银行存款　　5 000

调整分录：

（10）借：财务费用　　500
　　　贷：预提费用　　500

（11）借：管理费用　　1 500
　　　贷：累计折旧　　1 500

（12）借：应收利息　　2 000
　　　贷：财务费用　　2 000

（13）借：其他应付款　　2 000
　　　贷：其他业务收入　　2 000

（14）借：管理费用　　1 000
　　　贷：待摊费用　　1 000

（15）借：主营业务成本　　50 000
　　　贷：库存商品　　50 000

2. 登记T形账：

开设T形账，将会计分录过入各相应账户并计算各账户的本期发生额和实账户的期末余额：

银行存款

期初	180 000		
⑦	80 000	②	20 000
		④	10 000
		⑤	15 000
		⑥	12 000
		⑨	5 000
本期	80 000	本期	62 000
期末	198 000		

应付账款

		期初	30 000
②	20 000	①	50 000
		⑤	15 000
本期	20 000	本期	65 000
		期末	75 000

库存商品

期初	40 000		
⑤	30 000	⑮调	50 000
本期	30 000	本期	50 000
期末	20 000		

销售费用

⑧	8 000		
本期	8 000	结①	8 000

主营业务收入

		⑦	80 000
结②	80 000	本期	80 000

现金

期初	10 000		
		③	500
本期		本期	500
期末	9 500		

管理费用

③	1 500		
⑧	4 000		
⑨	5 000		
⑪调	1 500		
⑭调	1 000		
本期	13 000	结①	13 000

其他应收款

期初	1 000		
		③	1 000
本期		本期	1 000
期末	0		

固定资产

期初	100 000		
①	50 000		
本期	50 000	本期	
期末	150 000		

应付职工薪酬

		期初	10 000
④	10 000	⑧	12 000
本期	10 000	本期	12 000
		期末	12 000

待摊费用

期初	0		
⑥	12 000	⑭调	1 000
本期	12 000	本期	1 000
期末	11 000		

其他应收款

		期初	12 000
⑬调	2 000		
本期	2 000	本期	
		期末	10 000

累计折旧

		期初	20 000
		⑪调	1 500
		本期	1 500
		期末	21 500

预提费用

		期初	0
		⑩调	500
		本期	500
		期末	500

财务费用

⑩调	500	⑫调	2 000
本期	500		
结②	1 500		

应收利息

期初	0		
⑫调	2 000		
本期	2 000		
期末	2 000		

主营业务成本

⑮调	50 000		
本期	50 000	结①	50 000

其他业务收入

		⑬调	2 000
结②	2 000	本期	2 000

本年利润

结①	71 000	结②	83 500
结③	12 500		

3. 编制工作底稿：

南方贸易公司工作底稿

2008 年 12 月 31 日　　单位：元

项目	调整前试算表		调整		调整后试算表		利润表		资产负债表	
	借	贷	借	贷	借	贷	借	贷	借	贷
现金	9 500				9 500				9 500	
银行存款	198 000				198 000				198 000	
应收账款	20 000				20 000				20 000	
其他应收款										
应收利息			⑫ 2 000		2 000				2 000	

（续上表）

项目	调整前试算表		调整		调整后试算表		利润表		资产负债表	
	借	贷	借	贷	借	贷	借	贷	借	贷
库存商品	70 000			⑮ 50 000	20 000				20 000	
待摊费用	12 000			⑭ 1 000	11 000				11 000	
固定资产	150 000				150 000				150 000	
累计折旧		20 000		⑪ 1 500		21 500				21 500
银行借款		10 000				10 000				10 000
应付账款		75 000				75 000				75 000
其他应付款		12 000	⑬ 2 000			10 000				10 000
应付职工薪酬		12 000				12 000				12 000
预提费用				⑩ 500		500				500
实收资本		250 000				250 000				250 000
未分配利润		19 000				19 000				19 000
主营业务收入		80 000				80 000		80 000		
其他业务收入				⑬ 2 000		2 000		2 000		
主营业务成本			⑮ 50 000		50 000		50 000			
销售费用	8 000				8 000		8 000			
管理费用	10 500		⑪ 1 500 ⑭ 1 000		13 000		13 000			
财务费用			⑩ 500	⑫ 2 000		1 500		1 500		
合计	478 000	478 000	57 000	57 000	481 500	481 500	71 000	83 500		
本年利润							12 500			12 500
									410 500	410 500

4. 编制结账分录：

（1）借：本年利润	71 000	
贷：销售费用		8 000
管理费用		13 000
主营业务成本		50 000
（2）借：主营业务收入	80 000	
其他业务收入	2 000	
财务费用	1 500	
贷：本年利润		83 500
（3）借：本年利润	12 500	
贷：利润分配——未分配利润		12 500

5. 编制利润表和资产负债表：

利润表

编制单位：南方贸易公司　　2008 年 1 月　　单位：元

一、主营业务收入	80 000
减：主营业务成本	50 000
二、主营业务利润	30 000
加：其他业务利润	2 000
财务费用（收入）	1 500
减：管理费用	11 500
销售费用	9 500
三、利润总额	12 500
四、净利润	12 500

资产负债表

编制单位：南方贸易公司　　2008 年 1 月 31 日　　单位：元

资产		负债和所有者权益	
流动资产		负债：	
货币资金	207 500	银行借款	10 000
应收账款	20 000	应付账款	75 000
应收利息	2 000	应付职工薪酬	12 000
存货	20 000	其他应付款	10 000
待摊费用	11 000	预提费用	500
流动资产合计	260 500	负债合计	107 500
固定资产		所有者权益：	
固定资产	150 000	实收资本	250 000
减：累计折旧	21 500	未分配利润	31 500
固定资产净值	128 500	所有者权益合计	281 500
资产合计	389 000	负债和所有者权益合计	389 000

案例分析

1. 兴兴快印公司2008年度所使用耗材用品的成本为29 000元。

2. 兴兴快印公司2008年度的利润表以及2008年12月31日的资产负债表如下：

兴兴快印公司的利润表

2008年度

单位：元

项目	金额
主营业务收入	338 400
减：耗材用品的成本	29 000
职工薪酬	86 150
固定资产年折旧费用	30 000
水电费用	18 000
房屋租金	50 000
管理费用	28 570
利息费用	3 200
利润总额	93 480
减：所得税	11 000
净利润	82 480

兴兴快印公司资产负债表

2008年12月31日

单位：元

项目	金额	项目	金额
货币资金——现金	80 480	应付账款	24 000
存货——耗材用品	30 000	长期借款	40 000
应收账款	35 000	应交税费	11 000
待摊费用	2 000	未分配利润	82 480
固定资产	300 000	实收资本	260 000
减：累计折旧	30 000		
资产合计	417 480	负债与所有者权益合计	417 480

第五章

思考题

一、简答题

略

二、单选题

1. D　2. A　3. B　4. D　5. D　6. A　7. B　8. B　9. B　10. C

三、判断题

1. ×　2. √　3. ×　4. √　5. ×　6. √　7. √　8. √　9. ×　10. ×

练习题

一、

5月1日

借：应收账款（300×400×0.85×1.17）　119 340

　贷：主营业务收入（300×400×0.85）　102 000

　　　应收税费——应交增值税（销项税额）　17 340

5月8日

借：银行存款　119 340

　贷：应收账款　116 953.2

　　　财务费用　2 386.8

5月15日

借：银行存款　119 340

　贷：应收账款　119 340

二、

1. 6月1日

借：其他货币资金——银行汇票　50 000

　贷：银行存款　50 000

2. 6月3日

借：其他货币资金——银行汇票　46 800

　贷：原材料　40 000

　　　应交税费——应交增值税（进项税额）　6 800

借：银行存款　3 200

　贷：其他货币资金——银行汇票　3 200

3. 6月4日

借：管理费用　1 500

　贷：银行存款　1 500

4. 6月5日

借：其他应收款——备用金 500
　贷：现金 500

5. 6月7日

借：应付账款 25 000
　贷：银行存款 25 000

6. 6月15日

借：管理费用 450
　　现金 50
　贷：其他应收款——备用金 500

7. 6月17日

借：银行存款 35 000
　贷：营业收入 35 000

8. 6月18日

借：其他货币资金——信用证存款 200 000
　贷：银行存款 200 000

9. 6月20日

借：现金 5 000
　贷：营业收入 5 000

借：银行存款 5 000
　贷：现金 5 000

10. 6月21日

借：现金 3 000
　贷：营业收入 3 000

11. 6月21日

借：银行存款 3 000
　贷：现金 3 000

12. 借：待处理财产损溢——待处理流动资产损溢 3 000
　　贷：现金 3 000

13. 借：其他货币资金——外埠存款 23 000
　　贷：银行存款 23 000

三、

银行存款余额调节表

2008 年 5 月 31 日

项目	金额	项目	金额
企业银行存款余额	450 000	银行对账单余额	500 500
加：W 公司未入账，银行已收到的公司的货款 ①	+100 000	加：银行未入账，W 公司收转账支票 ②	+70 000
减：W 公司未入账，银行已支付的电话费 ③	-15 000	减：银行未入账，W 公司已转账款项 ④	-35 000
加：W 公司未入账，银行已入账的利息收入 ⑤	+500		
调节后余额	535 500	调节后余额	535 500

四、

1. 销货方票据签发日

借：应收票据——N 公司　58 500

　贷：主营业务收入　50 000

　　　应交税费——应交增值税（销项税额）　8 500

票据到期日收到款项

借：银行存款　58 500

　贷：应收票据——N 公司　58 500

票据到期日无款支付

借：应收账款——N 公司　58 500

　贷：应收票据——N 公司　58 500

2. 销货方票据签发日

借：应收票据——N 公司　58 500

　贷：主营业务收入　50 000

　　　应交税费——应交增值税（销项税额）　8 500

票据到期日收到款项

可收回的商品价款 =58 500 ×（1 +9.6% ×6/12）=61 308

借：银行存款　61 308

　贷：应收票据——N 公司　58 500

　　　财务费用　2 808

票据到期日无款支付

借：应收账款　61 308

　贷：应收票据——N 公司　58 500

　　　财务费用　2 808

3. 贴现息 =58 500 ×（9.6% ×4/12）=1 872（元）

贴现净额 =58 500 -1 872 =56 628（元）

借：银行存款　　56 628

　　财务费用　　1 872

　贷：应收票据——N 公司　　58 500

票据到期日兑付：不必再做处理

票据到期日无款兑付：

借：应收账款——N 公司　　58 500

　贷：银行存款　　58 500

4. 票据到期日应收到款项 =58 500 ×（1 +9.6% ×6/12） =61 308（元）

贴现息 =61 308 ×（9.6% ×4/12） =1 962（元）

W 公司收到的银行存款 =61 308 -1 962 =59 346（元）

W 冲减的财务费用 =59 346 -58 500 =846（元）

借：银行存款　　59 346

　贷：应收票据——N 公司　　58 500

　　　财务费用　　846

票据到期日兑付：不必再做处理

票据到期日无款兑付：

借：应收账款——N 公司　　61 308

　贷：银行存款　　61 308

五、

2006 年计提坏账准备　借：资产减值损失　　1 800

　　　　　　　　　　　贷：坏账准备　　1 800

2007 年

发生坏账损失　借：坏账准备　　30 000

　　　　　　　　贷：应收账款　　30 000

计提坏账准备　借：资产减值损失　　31 200

　　　　　　　　贷：坏账准备　　31 200

2008 年

收回坏账损失　借：应收账款　　20 000

　　　　　　　　贷：坏账准备　　20 000

计提坏账准备　借：坏账准备　　26 000

　　　　　　　　贷：资产减值损失　　26 000

案例分析

略

第六章

思考题

一、简答题

略

二、选择题

1. D　2. B　3. D　4. B　5. C

6. ABD　7. ABCDF　8. ABC　9. AC　10. ABD

三、判断题

1. ×　2. √　3. √　4. √　5. √　6. ×　7. ×　8. ×　9. ×　10. √

练习题

一、

1. 借：生产成本——甲产品	80 000	
——乙产品	47 000	
制造费用	8 000	
管理费用	3 000	
贷：原材料——A 材料		34 000
——B 材料		84 000
——C 材料		20 000
2. 借：制造费用	3 000	
管理费用	5 000	
贷：原材料——D 材料		8 000
3. 借：制造费用	20 000	
管理费用	2 000	
贷：长期待摊费用		22 000
4. 借：生产成本——甲产品	96 000	
——乙产品	84 000	
制造费用	8 000	
管理费用	12 000	
贷：应付职工薪酬——工资		200 000
5. 借：生产成本——甲产品	13 440	
——乙产品	11 760	
制造费用	1 120	
管理费用	1 680	
贷：应付职工薪酬——福利		28 000

6. 借：管理费用　40 000
　　制造费用　10 000
　贷：累计折旧　50 000
7. 借：生产成本——甲产品　1 300
　　　　　　——乙产品　1 200
　　制造费用　200
　　管理费用　300
　贷：银行存款　3 000
8. 借：生产成本——甲产品　21 637. 6
　　　　　　——乙产品　28 682. 4
　贷：制造费用　50 320
9. 借：生产成品——甲产品　212 377. 6
　　　　　　——乙产品　172 642. 4
　贷：生产成本——甲产品　212 377. 6
　　　　　　——乙产品　172 642. 4

二、

1. 先进先出法

材料明细账表

200×年		摘要	收入			发出			结存		
月	日		数量	单价	金额	数量	单价	金额	数量	单价	金额
8	1	期初							200	10	2 000
	8	购入	300	10. 5	3 150				200	10	
									300	10. 5	5 150
	12	发出				200	10	2 000			
						100	10. 5	1 050	200	10. 5	2 100
	18	购入	200	11	2 200				200	10. 5	
									200	11	4 300
	28	发出				100	10. 5	1 050	100	10. 5	
									200	11	3 250
									100	10. 5	
	31	合计	500		5 350	400		4 100	200	11	3 250

12 日发出材料成本 = 200 × 10 + 100 × 10. 5 = 3 050 元

28 日发出材料成本 = 100 × 10. 5 = 1 050 元

期末材料成本 = 100 × 10. 5 + 200 × 11 = 3 250 元

2. 移动加权平均法

$$第一次加权平均单位成本=\frac{2\ 000+3\ 150}{200+300}=10.3\ 元$$

$$第二次加权平均单位成本=\frac{2\ 060+2\ 200}{200+200}=10.65\ 元$$

12 日发出材料成本 $=300\times10.3=3\ 090$ 元

28 日发出材料成本 $=100\times10.65=1\ 065$ 元

期末材料成本 $=300\times10.65=3\ 195$ 元

材料明细账表

200×年		摘要	收入			发出			结存		
月	日		数量	单价	金额	数量	单价	金额	数量	单价	金额
8	1	期初							200	10	2 000
	8	购入	300	10.5	3 150				500	10.3	5 150
	12	发出				300	10.3	3 090	200	10.3	2 060
	18	购入	200	11	2 200				400	10.65	4 260
	28	发出				100	10.65	1 065	300	10.65	3 195
	31	合计	500		5 350	400		4 155	300	10.65	3 195

3. 全月一次加权平均法

$$全月一次加权平均单价=\frac{2\ 000+5\ 350}{200+500}=10.5（元）$$

本期发出材料成本 $=400\times10.5=4\ 200$（元）

期末结存材料成本 $=300\times10.5=3\ 150$（元）

材料明细账表

200×年		摘要	收入			发出			结存		
月	日		数量	单价	金额	数量	单价	金额	数量	单价	金额
8	1	期初							200	10	2 000
	8	购入	300	10.5	3 150				500		
	12	发出				300			200		
	18	购入	200	11	2 200				400		
	28	发出				100			300		
	31	合计	500		5 350	400	10.5	4 200	300	10.5	3 150

案例分析

略

第七章

思考题

一、多选题

1. AD　2. BCD　3. ABC　4. ABD　5. ABCD　6. ABC　7. ABC
8. ABC　9. AB　10. ABCD

二、判断题

1. ×

研究阶段的支出，由于所开发的无形资产具备极大的不确定性以及成本支出在基础研究阶段计量的不可靠性，所以这一阶段的支出一律费用化。

2. ×

折旧的实质是摊销成本的一种方式，并不影响现金流量变动。

3. ×

折旧的实质是摊销成本的一种方式，与固定资产的计价无关。

4. ×

任何折旧方法的计算在抵扣应税额上是一致的，加速折旧只是折旧早期少交税，而后期多交税。

5. ×

土地的使用与一般固定资产不同，不会因为使用或时间的推移其价值会消逝，所以土地是不计提折旧的。

6. √

7. √

8. ×

要分类考虑，如交易性金融资产它发生的相关税费是计入投资收益的，并不计入成本。

9. √

10. √

11. ×

土地使用权用于自行开发建造厂房等地上建筑物时，土地使用权的账面价值不与地上建筑物合并计算其成本，仍然作为无形资产进行核算。

三、简答题

略

练习题

一、

登记会计分录

借：固定资产 690 550（680 000 +5 800 +4 750）

贷：银行存款 690 550

二、

1. 登记会计分录：

（1）购入研发专用设备和实验用材料

借：固定资产 780 000

贷：银行存款 780 000

借：原材料 50 000

贷：银行存款 50 000

（2）购入工程专用物资

借：工程物资 526 500［（450 000 ×（1 +17%）］

贷：应付账款 526 500

（3）借入工程专项款

借：银行存款 2 000 000

贷：短期借款 2 000 000

借：应付账款 526 500

贷：银行存款 526 500

（4）领用研发材料

借：研发支出——费用化支出 30 000

贷：原材料 30 000

（5）领用研发材料

借：研发支出——资本化支出 20 000

贷：原材料 20 000

（6）交纳生产线设备定金

借：预付账款 150 000

贷：银行存款 150 000

（7）工程领用材料

借：在建工程 526 500

贷：工程物资 526 500

（8）生产线设备验收

借：在建工程 1 404 000［（1 200 000 ×（1 +17%）］

贷：预付账款 150 000

银行存款 1 254 000

(9) 支付生产线设备安装费
借：在建工程 40 000
　贷：银行存款 40 000
(10) 生产设备调试完毕
借：在建工程 15 000
　贷：银行存款 15 000
借：在建工程 116 000（2 000 000×5.8%）
　贷：应付利息 116 000
借：研发支出——资本化支出 48 000
　贷：银行存款 48 000
(11) 登记应付工资
借：在建工程 420 000
　　研发支出——资本化支出 125 000（250 000/2）
　　研发支出——费用化支出 125 000
　　管理费用 150 000
　贷：应付职工薪酬 820 000
(12) 辅助费用
借：生产成本 290 000
　　在建工程 232 000
　　研发支出——资本化支出 29 000
　　研发支出——费用化支出 29 000
　贷：制造费用 580 000
2. 计算并登记成本：
固定资产成本
526 500 + 1 404 000 + 40 000 + 15 000 + 116 000 + 420 000 + 232 000 = 2 753 500（元）
会计分录：
借：固定资产 2 753 500
　贷：在建工程 2 753 500
无形资产成本
用于开发专利技术的专用设备每月折旧额 = 780 000/60 = 13 000（元）
借：研发支出——费用化支出 65 000
　　研发支出——资本化支出 78 000
　贷：累计折旧 143 000
无形资产的成本 = 20 000 + 48 000 + 125 000 + 29 000 + 78 000 = 300 000（元）
会计分录：
借：无形资产 300 000
　贷：研发支出——资本化支出 300 000
借：管理费用 249 000
　贷：研发支出——费用化支出 249 000

249 000 = 30 000 + 125 000 + 29 000 + 65 000

三、

（1）直线法：

每年折旧额 = ［800 000 ×（1 − 5%）］÷ 8 = 95 000（元）

（2）双倍余额递减法：

双倍余额折旧率 = 2 × 1/8 × 100% = 25%

折旧计算表（双倍余额递减法） 单位：元

年份	期初账面净值	折旧率	折旧额	累计折旧	期末账面余额
2008	800 000	25%	200 000	200 000	600 000
2009	600 000	25%	150 000	350 000	450 000
2010	450 000	25%	112 500	462 500	337 500
2011	337 500		59 500	522 000	278 000
2012	278 000		59 500	581 500	218 500
2013	218 500		59 500	641 000	159 000
2014	159 000		59 500	700 500	99 500
2015	99 500		59 500	760 000	40 000
合计			760 000		

2011 年起折旧额小于直线法的 95 000 元，所以从 2011 年起按直线法计提折旧，2011 年至 2015 年每年折旧额 =（337 500 − 800 000 × 5%）/5 = 59 500（元）

（3）产量法：

每件折旧额 = 800 000 ×（1 − 5%）/76 000 = 10（元/件）

第一年折旧额 = 8000 × 10 = 80 000（元）

第二年折旧额 = 8500 × 10 = 85 000（元）

第三年折旧额 = 9000 × 10 = 90 000（元）

四、

1. 按直线法计提折旧：

变卖前已计提折旧 = 95 000 × 5.5 = 522 500（元）

变卖时固定资产净值 = 800 000 − 522 500 = 277 500（元）

会计分录：

借：固定资产清理　　277 500

　　累计折旧　　522 500

　贷：固定资产　　800 000

借：银行存款　　112 000（120 000 − 8 000）

　　营业外支出　　165 500

　贷：固定资产清理　　277 500

2. 按双倍余额递减法计提折旧：

变卖前已计提折旧 = 200 000 + 150 000 + 112 500 + 59 500 × 2.5 = 611 250（元）

变卖时固定资产净值 = 800 000 − 611 250 = 188 750（元）

会计分录：

借：固定资产清理　　188 750
　　累计折旧　　611 250
　贷：固定资产　　800 000

借：银行存款　　112 000
　　营业外支出　　76 750
　贷：固定资产清理　　188 750

五、

取得无形资产时：

借：无形资产　　329 650
　贷：银行存款　　329 650

每年摊销：

借：管理费用　　32 965
　贷：累计摊销　　32 965

转让该项专利时：

借：银行存款　　180 000
　　累计摊销　　164 825
　贷：无形资产　　329 650
　　　营业外收入　　15 175

六、

（1）购买债券和股票

借：交易性金融资产——股票　　1 180 000（11.8 × 1 000 × 100）
　　　　　　　　　——债券　　288 000
　　　　　　　投资收益　　2 936（2 360 + 576）
　贷：银行存款　　1 470 936

（2）6 月 1 日收到兴达公司股利

借：银行存款　　10 000
　贷：投资收益　　10 000

（3）6 月 30 日市价调整

借：交易性金融资产——股票　　70 000 [（12.5 − 11.8）× 1 000 × 100）]
　贷：公允价值变动损益　　60 000
　　　交易性金融资产——债券　　10 000（288 000 − 278 000）

（4）7 月 31 日出售股票和债券

借：公允价值变动损益　　60 000
　贷：投资收益　　60 000

借：银行存款　　　　1 443 108（11.6×1 000×100+286 000－572－2 320）
　　投资收益　　　　84 892
　贷：交易性金融资产——股票　　　　1 250 000
　　　　　　　　　——债券　　　　278 000

七、

（1）2008年1月1日，购买债券
借：可供出售金融资产　　　　2 565 000
　贷：银行存款　　　　2 565 000

（2）2008年12月31日，计提应计利息
借：可供出售金融资产　　　　170 000（2 500 000×6.8%）
　贷：投资收益　　　　170 000
摊销债券溢价
借：投资收益　　　　13 000（65 000/5）
　贷：可供出售金融资产　　　　13 000
调整期末市价
借：可供出售金融资产　　　　4 000
　贷：资本公积　　　　4 000

（3）2009年12月31日，计提应计利息
借：可供出售金融资产　　　　170 000
　贷：投资收益　　　　170 000
摊销债券溢价
借：投资收益　　　　13 000
　贷：可供出售金融资产　　　　13 000
调整期末市价
借：资本公积　　　　2 000（2 883 000－2 881 000）
　贷：可供出售金融资产　　　　2 000

（4）2010年6月30日，计提半年应计利息
借：可供出售金融资产　　　　85 000
　贷：投资收益　　　　85 000
摊销半年债券溢价
借：投资收益　　　　6 500
　贷：可供出售金融资产　　　　6 500
登记债券出售
借：银行存款　　　　2 946 100（2 952 000－5 900）
　　资本公积　　　　2 000
　　投资收益　　　　11 400
　贷：可供出售金融资产　　　　2 959 500

八、

（1）2008年1月1日，购买债券

借：持有至到期投资　　2 565 000

　贷：银行存款　　2 565 000

（2）2008年12月31日，计提应计利息

借：持有至到期投资　　170 000

　贷：投资收益　　170 000

摊销溢价

借：投资收益　　13 000

　贷：持有至到期投资　　13 000

以后每年的会计处理同上

（3）到期收回本金和利息

借：银行存款　　3 350 000（2 500 000 + 170 000 × 5）

　贷：持有至到期投资　　3 350 000

九、

成本法：

（1）2008年4月1日，购买股权

借：长期股权投资　　7 500 000

　贷：银行存款　　7 500 000

（2）2009年4月1日，登记应收股利

借：应收股利　　140 000（700 000 × 20%）

　贷：投资收益　　140 000

（3）2009年5月1日，收到股利

借：银行存款　　140 000

　贷：应收股利　　140 000

权益法：

（1）2008年4月1日，购买股权

借：长期股权投资　　7 500 000

　贷：银行存款　　7 500 000

（2）2008年12月31日，登记应享权益

借：长期股权投资　　225 000（1 500 000 × 20% × 9/12）

　贷：投资收益　　225 000

（3）2009年4月1日，登记应收股利

借：应收股利　　140 000（700 000 × 20%）

　贷：长期股权投资　　140 000

（4）2009年5月1日，记录收到股利

借：银行存款　　140 000

　贷：应收股利　　140 000

(5) 2009 年 12 月 31 日，登记应分担的亏损

借：投资收益　　200 000（1 000 000 × 20%）

　贷：长期股权投资　　200 000

案例分析

略

第八章

思考题

一、单选题

1. D　2. D　3. B　4. C　5. A

二、多选题

1. ABCDE　2. BC　3. BCD　4. BCDE　5. ABD

三、判断题

1. √　2. ×　3. √　4. √　5. ×　6. √　7. √

四、简答题

略

练习题

一、

1. 借：生产成本　　50
　　　管理费用　　16
　　贷：应付职工薪酬——工资　　66
　借：应付职工薪酬——工资　　66
　　贷：银行存款　　66

2. 借：生产成本　　8
　　　管理费用　　2
　　贷：应付职工薪酬——社会保险费　　10
　借：应付职工薪酬——社会保险费　　10
　　贷：银行存款　　10

3. 借：生产成本　　3
　　　管理费用　　0.2
　　贷：应付职工薪酬——住房公积金　　3.2

4. 借：生产成本　　1
　　　管理费用　　0.32
　　贷：应付职工薪酬——工会经费　　1.32

5. 借：生产成本　　234
　　管理费用　　46.8
　贷：应付职工薪酬——非货币性福利　　280.8
借：应付职工薪酬——非货币性福利　　280.8
　贷：主营业务收入　　240
　　　应交税费——应交增值税（销项税额）　　40.8
借：主营业务成本　　216
　贷：库存商品　　216
6. 借：管理费用　　2
　贷：应付职工薪酬——非货币性福利　　2
借：应付职工薪酬——非货币性福利　　2
　贷：累计折旧　　2
7. 借：管理费用　　12
　贷：应付职工薪酬——非货币性福利　　12
借：应付职工薪酬——非货币性福利　　12
　贷：银行存款　　12
8. 借：管理费用　　90
　贷：应付职工薪酬——辞退福利　　90

二、

1. 计算 A 公司债券实际利率 r：

$1\,056.57 = 50/(1+r)\times 1 + 50/(1+r)\times 2 + 1\,050/(1+r)\times 3$，由此计算得出 $r = 3\%$

2. 编制发行日的会计分录：

借：银行存款　　1 056.57
　贷：应付债券——面值　　1 000
　　　　　　　——利息调整　　56.57

3. 采用实际利率法计算有关应付债券的利息费用，并编制会计分录。

2007 年 12 月 31 日

实际利息费用 $= 1\,056.57 \times 3\% \times 9/12 = 23.77$（万元）

应付利息 $= 1\,000 \times 5\% \times 9/12 = 37.5$（万元）

实际利息费用与应付利息的差额 $= 37.5 - 23.77 = 13.73$（万元）

借：财务费用　　23.77
　　应付债券——利息调整　　13.73
　贷：应付利息　　37.5

2008 年 3 月 31 日

实际利息费用 $= 1\,056.57 \times 3\% \times 3/12 = 7.92$（万元）

应付利息 $= 1\,000 \times 5\% \times 3/12 = 12.5$（万元）

实际利息费用与应付利息的差额 $= 12.5 - 7.92 = 4.58$（万元）

借：财务费用　　7.92
　　应付债券——利息调整　　4.58
　贷：应付利息　　12.5

2008 年 4 月 1 日

借：应付利息　　50
　贷：银行存款　　50

2008 年 12 月 31 日

实际利息费用 =（1 056.57 - 13.73 - 4.58）×3% ×9/12 = 23.36（万元）

应付利息 = 1 000 ×5% ×9/12 = 37.5（万元）

实际利息费用与应付利息的差额 = 37.5 - 23.36 = 14.14（万元）

借：财务费用　　23.36
　　应付债券——利息调整　　14.14
　贷：应付利息　　37.5

2009 年 3 月 31 日

实际利息费用 =（1 056.57 - 13.73 - 4.58）×3% ×3/12 = 7.79（万元）

应付利息 = 1 000 ×5% ×3/12 = 12.5（万元）

实际利息费用与应付利息的差额 = 12.5 - 7.79 = 4.71（万元）

借：财务费用　　7.79
　　应付债券——利息调整　　4.71
　贷：应付利息　　12.5

2009 年 4 月 1 日

借：应付利息　　50
　贷：银行存款　　50

2009 年 12 月 31 日

实际利息费用 =（1 056.57 - 13.73 - 4.58 - 14.14 - 4.71）×3% ×9/12 = 22.94（万元）

应付利息 = 1 000 ×5% ×9/12 = 37.5（万元）

实际利息费用与应付利息的差额 = 37.5 - 22.94 = 14.56（万元）

借：财务费用　　22.94
　　应付债券——利息调整　　14.56
　贷：应付利息　　37.5

2010 年 3 月 31 日

实际利息费用 =（1 056.57 - 13.73 - 4.58 - 14.14 - 4.71）×3% ×3/12 = 7.65（万元）

应付利息 = 1 000 ×5% ×3/12 = 12.5（万元）

实际利息费用与应付利息的差额 = 12.5 - 7.65 = 4.85（万元）

借：财务费用　　7.65
　　应付债券——利息调整　　4.85
　贷：应付利息　　12.5

2010 年 4 月 1 日

借：应付利息　　50

　　应付债券——面值　　1 000

　　贷：银行存款　　1 050

三、

（1）借入款项时：

借：银行存款　　120 000

　　贷：短期借款　　120 000

（2）按月预提利息时：

借：财务费用　　800

　　贷：应付利息　　800

（3）按季支付利息时：

借：应付利息　　2 400

　　贷：银行存款　　2 400

（4）到期归还本金时：

借：短期借款　　120 000

　　贷：银行存款　　120 000

案例分析

略

第九章

思考题

一、多选题

1. ACD　　2. AD　　3. D　　4. ABCD　　5. CD　　6. AB

二、判断题

1. √

2. ×

消费税实行价内征收，销售价款中已经包括了消费税，所以购买方应支付的金额为 117 000 元。

3. ×

企业实际缴纳增值税时，需综合考虑进项税额等，应登记为“应交税费——应交增值税（已交税金）”和“应交税费——未交增值税”的借方。

4. ×

营业税是以企业提供劳务、转让无形资产或销售不动产向对方收取的全部价款和价外费用为征税基础的，价外费用包括向对方收取的手续费。

5. ×

征收消费税的产品仍需交纳增值税。

6. √

7. √

三、简答题

略

练习题

一、

1. 登记分录：

(1) 借：原材料　500 000
　　应交税费——应交增值税（进项税额）　85 000
　贷：应付账款　585 000

(2) 借：应交税费——未交增值税　50 000
　贷：银行存款　50 000

(3) 借：工程物资　2 340 000
　贷：银行存款　2 340 000

(4) 借：固定资产　1 000 000
　　应交税费——应交增值税（进项税额）　170 000
　贷：应付账款　1 170 000

(5) 借：在建工程　1 755 000
　贷：工程物资　1 404 000
　　原材料　300 000
　　应交税费——应交增值税（进项税额转出）　51 000

(6) 借：应收账款　2 925 000
　贷：主营业务收入　2 500 000
　　应交税费——应交增值税（销项税额）　425 000

(7) 借：原材料　435 000
　　应交税费——应交增值税（进项税额）　65 000
　贷：银行存款　500 000

(8) 借：应收账款　585 000
　贷：主营业务收入　500 000
　　应交税费——应交增值税（销项税额）　85 000

借：营业税金及附加　50 000
　贷：应交税费——应交消费税　50 000

(9) 借：原材料　800 000
　　应交税费——应交增值税（进项税额）　136 000
　贷：工程物资　936 000

(10) 借：银行存款 700 000

贷：其他业务收入 700 000

借：其他业务支出 35 000

贷：应交税费——应交营业税 35 000

2. 登记“应交税费——应交增值税”T形账：

应交税费——应交增值税

借方	贷方
① 85 000（进项税额）	⑤ 51 000（进项税额转出）
④ 170 000（进项税额）	⑥ 425 000（销项税额）
⑦ 65 000（免税农产品抵扣）	⑧ 85 000（销项税额）
⑨136 000（进项税额）	
456 000（可抵扣合计）	561 000（应交税金合计）
105 000（转出未交增值税）	105 000（应交未交增值税）

转出未交增值税

借：应交税费——应交增值税（转出未交增值税） 105 000

贷：应交税费——未交增值税 105 000

登记“应交税费”T形账

应交税费

借方	贷方
② 50 000	50 000（期初余额）
	⑧ 50 000（消费税）
	⑩ 35 000（营业税）
	105 000（未交增值税）
	19 000（城建税与教育费附加）
	209 000（期末余额）

3. 本期城市维护建设税和教育费附加征税基础 = 50 000 + 35 000 + 105 000 = 190 000（元）

本期应交城市维护建设税 = 190 000 × 7% = 13 300（元）

本期应交教育费附加 = 190 000 × 3% = 5 700（元）

会计分录：

借：营业税金及附加　　19 000
　贷：应交税费——应交城市维护建设税　　13 300
　　　　　　——应交教育费附加　　5 700

二、

延迟纳税的罚金 20 000 元是永久性差异

按税法每年固定资产计提折旧额 = 200 000（元）

2008 年固定资产账面价值 = 800 000（元）

2009 年固定资产账面价值 = 600 000（元）

会计上 2008 年固定资产计提折旧 = 400 000（元）

固定资产账面价值 = 600 000（元）

2009 年固定资产计提折旧 = 240 000（元）

固定资产账面价值 = 360 000（元）

2008 年：

（1）资产负债表法：

固定资产账面价值（加速法）< 计税基础（直线法），形成递延所得税资产

固定资产形成的递延所得税资产 =（800 000 − 600 000）×25% − 0 = 50 000（元）

交易性金融资产账面价值 > 计税基础，形成递延所得税负债

交易性金融资产形成的递延所得税负债 =（120 000 − 100 000）×25% − 0 = 5 000（元）

本期应交所得税在会计利润的基础上调整计算出：

会计利润：	2 000 000
加：罚金	20 000
超过直线法的加速折旧额	200 000
减：未实现的交易性金融资产收益	（20 000）
应税所得	2 200 000

本期应交所得税 = 2 200 000 × 25%
　　　　　　　 = 550 000（元）

所得税费用 = 应交所得税 + 递延所得税负债（减减少） − 递延所得税资产（加减少）
　　　　　 = 550 000 + 5 000 − 50 000 = 505 000（元）

验证：所得税费用 =（会计利润 + 永久性差异）× 税率
　　　　　　　　 =（2 000 000 + 20 000）× 25%
　　　　　　　　 = 505 000（元）

会计分录：

借：所得税费用　　505 000
　　递延所得税资产　　50 000
　贷：应交税费——应交所得税　　550 000
　　　递延所得税负债　　5 000

（2）应付税款法：

借：所得税费用　　550 000
　贷：应交税费——应交所得税　　550 000

2009 年：

（1）资产负债表法：

固定资产形成的递延所得税资产 =（600 000 - 360 000）×25% - 50 000

= 10 000（元）

交易性金融资产形成的递延所得税负债 = 0 - 5 000

= -5 000（元）

本期应交所得税在会计利润的基础上调整计算出：

会计利润：	2 000 000
加：超过直线法的加速折旧额	40 000
已实现的交易性金融资产收益	20 000
应税所得	2 060 000

本期应交所得税 = 2 060 000 × 25%

= 515 000（元）

所得税费用 = 应交所得税 + 递延所得税负债（减减少） - 递延所得税资产（加减少）

= 515 000 - 5 000 - 10 000

= 500 000（元）

会计分录：

借：所得税费用	500 000	
递延所得税资产	10 000	
递延所得税负债	5 000	
贷：应交税费——应交所得税		515 000

（2）应付税款法：

借：所得税费用	515 000	
贷：应交税费——应交所得税		515 000

案例分析

略

第十章

思考题

一、多选题

1. ABC　2. ACD　3. ACD　4. ABCD　5. AC　6. ABC

二、判断题

1. ×

投资者是企业的所有者不是绝对的，当企业不能支付到期的债务面临破产时，企业的控制权就从投资人转移到债权人的手中。

2. ×

在三种合伙形式中，我国目前只是不存在有限合伙企业形式的合伙企业。

3. ×

提取盈余公积是将利润留存用作专门用途，根据需要以后可以再以股利形式分配给股东。

4. ×

新的合伙人入伙，按账面资本和商誉之和的比例以及入伙后所拥有的利润分配权来确定入伙所需要缴纳的资本额。

5. √

6. ×

在没有明文作出规定时，一般认为是按出资比例分配。损益的分配比例有多种：一种是按投资额的比例进行分配；一种是先分配薪金报酬，余额按约定比例进行分配；也可以先分配薪金报酬和投资利息后，余额再按约定比例进行分配等。

7. √

8. ×

基本 EPS 等于当期应归属于普通股的净收益除以当期流通在外的普通股加权平均股数。

三、简答题

略

练习题

一、

1. 登记会计分录：

（1）借：固定资产	96 000	
贷：资本——业主投资		96 000
（2）借：银行存款	20 000	
资本——业主提款	20 000	
贷：应收账款		40 000
（3）借：原材料	234 000	
贷：资本——业主投资		34 000
应付账款		200 000
（4）借：银行存款	1 060 000	
贷：主营业务收入		1 000 000
应交税金——应交增值税		60 000
借：主营业务成本	650 000	
贷：库存商品		650 000
（5）借：管理费用	150 000	
贷：银行存款		150 000
（6）借：资本——业主提款	80 000	
贷：银行存款		80 000

2. 计算本年利润并结转至资本账户：

本年利润：1 000 000 - 650 000 - 150 000 = 200 000（元）

会计分录

借：本年利润　　200 000

　贷：资本——利润结转　　200 000

3. 计算并说明业主权益变动的原因：

资本

借方		贷方	
		期初	156 000
③提款	20 000	①投入	96 000
⑥提款	80 000	③投入	34 000
		④利润转入	200 000
本期	100 000	本期	330 000
		期末	386 000

从资本 T 形账可以看出，期末业主资本为 386 000 元，比期初净增 230 000 元：其中经营盈利增加 200 000 元，投入增加 130 000 元，业主提款导致减少 100 000 元。

二、

1. 登记会计分录：

（1）成立时

借：现金　　300 000

　贷：资本——王明（合伙人投资＊）　　150 000

　　资本——李华（合伙人投资＊）　　150 000

（2）张洋入伙时

会计处理如下：

借：现金　　300 000

　贷：资本——王明（合伙人投资）　　33 333.5

　　资本——李华（合伙人投资）　　33 333.5

　　资本——张洋（合伙人投资）　　233 333

王明和李华原有资本总额 = 600 000 - 200 000 + 200 000 = 600 000 元

王明和李华加入后，合伙企业总资本应为 600 000 ÷ 2/3 = 900 000 元

资本总额的三分之一即张洋的投资应为 900 000 × 1/3 = 300 000 元

张洋加入后，合伙企业总资本应为 200 000 + 200 000 + 300 000 = 700 000元

资本总额的三分之一即丁的投资应为 700 000 × 1/3 = 233 333 元

多出的 66 667 元（300 000 - 233 333）作为红利分配给王明和李华，分别增加王明和李华的资本账户。

（3）会计分录如下：

借：资本——王明（合伙人投资）　　333 333

　　资本——李华（合伙人投资）　　43 333. 5

　　资本——张洋（合伙人投资）　　43 333. 5

　贷：银行存款　　420 000

王明退伙时，合伙资本按投资比例1∶1∶1分配，王明应分得的资本额为（1 000 000 + 500 000）×1/3 = 500 000元，王明的账面资本是1000 000×1/3 = 333 333元，多支付的由李华和张洋按1∶1的相对损益分配比例借记其资本账户。

2. 如果考虑企业的商誉价值的话，王明应分得500 000元。

3. 假定王明、李华和张洋的损益分配比例为30%∶30%∶40%，合伙资本及损益分配情况如下：

	资本余额	资本比例	损益分配比例
王明	—	1/3	30%
李华	—	1/3	30%
张洋	—	1/3	40%
资本总额	1 000 000 元	100%	100%

借：资本——王明（合伙人投资）　　333 333

　　资本——李华（合伙人投资）　　37 143 *

　　资本——张洋（合伙人投资）　　49 524 *

　贷：银行存款　　420 000

*37 143 = （420 000 − 333 333）×30%/70%

*49 524 = （420 000 − 333 333）×40%/70%

三、

1. 计算2007年、2008年合伙损益计算分配表：

2007年合伙人损益分配计算表　　单位：元

	王明	李华	张洋	小计	合计
可分配净利润					500 000
薪金报酬	50 000	50 000	30 000	130 000	
投资利息（6%）	20 000 *	14 000 *	14 000	48 000	178 000
余额					322 000
按约定比例3∶3∶4	96 600	96 600	128 800		
合计	166 600	160 600	172 800		500 000

*20 000 = （233 333 + 200 000 × 6/12）×6%

14 000 = 233 333 × 6%

2008 年合伙人损益分配计算表　　　　单位：元

	王明	李华	张洋	小计	合计
可分配净利润					150 000
薪金报酬	50 000	50 000	30 000	130 000	
投资利息（6%）	26 000 *	14 000 *	14 000	54 000	184 000
余额					（34 000）
按约定比例 3：3：4	（10 200）	（10 200）	（13 600）		
合计	65 800	53 800	30 400		150 000

*26 000 =（233 333 + 200 000）×6%

14 000 = 233 333 ×6%

2. 登记相应的会计分录：

（1）2007 年会计处理如下：

借：本年利润　300 000
　贷：资本——王明（利润结转）　106 600
　　资本——李华（利润结转）　100 600
　　资本——张洋（利润结转）　92 800

（2）2008 年会计处理如下：

借：本年利润　150 000
　贷：资本——王明（利润结转）　65 800
　　资本——李华（利润结转）　53 800
　　资本——张洋（利润结转）　30 400

3. 假定 2008 年三合伙人不提取利润分配额，各合伙人资本账户余额计算如下：

王明：233 333 + 200 000 + 65 800 = 499 133（元）

李华：233 333 + 53 800 = 287 133（元）

张洋：233 333 + 30 400 = 263 733（元）

四、

1. 会计分录如下：

（1）2008 年 7 月 1 日发行股票时

借：银行存款　10 300 000
　贷：股本　1 000 000
　　资本公积——股本溢价　9 300 000

（2）2008 年 12 月 31 日，将净利润转入利润分配

借：本年利润　10 000 000
　贷：利润分配——未分配利润　10 000 000

（3）2009 年 3 月 8 日，提取盈余公积

借：利润分配——提取法定盈余公积　1 000 000
　　——提取任意盈余公积　500 000

贷：盈余公积——法定盈余公积 1 000 000

——任意盈余公积 500 000

(4) 宣布发放现金股利，结转利润分配，转增资本

借：利润分配——应付股利 3 400 000

贷：应付股利 3 400 000

借：利润分配——未分配利润 4 900 000

贷：利润分配——提取法定盈余公积 1 000 000

——提取任意盈余公积 500 000

——应付股利 3 400 000

(5) 2009 年 4 月 2 日，发放股利

借：应付股利 3 400 000

贷：银行存款 3 400 000

2. 利润分配后南方公司的股东权益额和构成如下：

股本：400 + 100 = 500（万元）

资本公积：5 000 + 930 = 5 930（万元）

盈余公积：1 900 + 100 + 50 = 2 050（万元）

未分配利润：1 200 + 1 000 − 100 − 50 − 340 = 1 710（万元）

股东权益总额：500 + 5 930 + 2 050 + 1 710 = 10 190（万元）

五、

EPS 和 ROE 计算如下：

EPS = 1 000 万元 ÷ （400 万股 + 100 × 1/2 万股） = 2.22（元/股）

ROE = 1 000 万元 ÷ [（8 500 万元 + 10 190 万元）/2] = 10.7%

案例分析

略

第十一章

思考题

一、多选题

1. ABC 2. BCD 3. BCD 4. AB 5. BC 6. BCD 7. ABC

二、判断题

1. ×

间接法就是将会计净利润调节为本期经营活动现金净流量额。

2. √

3. ×

偿付应付账款属于经营活动中的现金流出。

4. ×

会计的产品就是财务报告，财务报告包括财务报表。

5. √

6. ×

经营活动所产生的现金流量，既可以通过直接法，也可以通过间接法编制。

7. ×

发行债券所收到的现金属于筹资活动产生的现金流量。

三、简答题

略

练习题

1. 登记会计分录：

（1）借：利润分配——提取法定盈余公积	3 933 237.5	
——应付现金股利	7 866 475	
贷：盈余公积——法定盈余公积		3 933 237.5
应付股利		7 866 475
借：利润分配——未分配利润	11 799 712.5	
贷：利润分配——提取法定盈余公积		3 933 237.5
——应付现金股利		7 866 475
借：应付股利	7 866 475	
贷：银行存款		7 866 475
（2）借：原材料	80 000 000	
应交税费——应交增值税（进项税额）	13 600 000	
贷：应付账款		93 600 000
借：周转材料	8 000 000	
应交税费——应交增值税（进项税额）	1 360 000	
贷：银行存款		9 360 000
（3）借：银行存款	114 000 000	
贷：股本		20 000 000
资本公积——股本溢价		94 000 000
（4）借：固定资产	7 020 000	
贷：应付账款		7 020 000
（5）借：生产成本	109 000 000	
贷：原材料		100 000 000
周转材料		9 000 000
（6）借：银行存款	468 000 000	
贷：主营业务收入		400 000 000
应交税费——应交增值税（销项税额）		68 000 000

借：主营业务成本　　280 000 000
　贷：库存商品　　280 000 000

（7）借：应收账款　　65 000 000
　贷：其他业务收入　　65 000 000
借：营业税金及附加　　3 250 000
　贷：应交税费——应交营业税　　3 250 000

（8）借：银行存款　　4 790 400
　投资收益　　500 000
　贷：交易性金融资产　　4 500 000
　　公允价值变动损益　　790 400

（9）借：生产成本　　12 000 000
　制造费用　　3 000 000
　管理费用　　5 000 000
　贷：银行存款　　20 000 000

（10）借：生产成本　　106 400 000［80 000 000×（1+33%）］
　制造费用　　26 600 000［20 000 000×（1+33%）］
　管理费用　　33 250 000［25 000 000×（1+33%）］
　销售费用　　19 950 000［15 000 000×（1+33%）］
　贷：应付职工薪酬——工资　　140 000 000
　　——社会保险费　　28 000 000（140 000 000×20%）
　　——住房公积　　14 000 000（140 000 000×10%）
　　——工会经费　　2 800 000（140 000 000×2%）
　　——职工教育经费　　1 400 000（140 000 000×1%）

（11）借：银行存款　　50 000 000
　贷：应收账款　　50 000 000
借：应付账款　　50 000 000
　贷：银行存款　　50 000 000
借：长期借款　　180 000 000
　贷：银行存款　　180 000 000

（12）借：财务费用　　22 800 000
　贷：银行存款　　22 800 000

（13）借：应付职工薪酬　　130 000 000
　贷：银行存款　　130 000 000

（14）借：应付利息　　600 000
　财务费用　　790 000
　贷：应付债券——利息调整　　190 000
　　银行存款　　1 200 000

借：财务费用　790 000
　贷：应付利息　600 000
　　应付债券——利息调整　190 000
借：持有至到期投资　500 000
　贷：投资收益　500 000
(15) 借：生产成本　50 000 000
　　制造费用　7 000 000
　　管理费用　8 000 000
　贷：累计折旧　65 000 000
(16) 借：应收账款　20 000
　贷：坏账准备　20 000
借：银行存款　20 000
　贷：应收账款　20 000

应收账款余额 = 89 900 000 + 65 000 000 − 50 000 000 + 20 000 − 20 000
= 104 900 000（元）

应提坏账 = 104 900 000 × 5‰ = 524 500（元）

坏账准备余额 = 449 500 + 20 000 = 469 500（元）

应补提坏账准备 = 524 500 − 469 500 = 55 000（元）

借：资产减值损失　55 000
　贷：坏账准备　55 000
(17) 借：生产成本　36 600 000
　贷：制造费用　36 600 000

生产成本 = 39 370 000 + 109 000 000 + 12 000 000 + 106 400 000 + 50 000 000 + 36 600 000
= 353 370 000（元）

完工产品 = 353 370 000 × 80% = 282 696 000（元）

借：库存商品　282 696 000
　贷：生产成本　282 696 000
(18) 借：所得税费用　21 431 475
　贷：应交税费——应交所得税　18 832 850
　　递延所得税资产　111 250
　　递延所得税负债　2 487 375

应交税费 = [86 276 400 − 500 000（国债利息）− 10 000 000（折旧）− 500 000（交易性金融资产）+ 55 000（坏账准备）] × 25%
= 18 832 850（元）

递延所得税资产 = [0（交易性金融资产账面价值）− 0（交易性金融资产计税基础）+ 55 000（坏账准备）] × 25% − 125 000
= −111 250（元）

递延所得税负债 = [1 144 430 000 - 307 000 000（固定资产账面净值） - (1 144 430 000 - 337 000 000)（固定资产计税基础）] ×25% - 5 012 625

=2 487 375（元）

借：应交税费——应交增值税（转出未交增值税） 53 040 000

贷：应交税费——未交增值税 53 040 000 *

* 53 040 000 = 68 000 000 - (13 600 000 + 1 360 000)

借：营业税金及附加 5 629 000

贷：应交税费——应交城市维护建设税 3 940 300 *

——应交教育费附加 1 688 700 *

* 3 940 300 = (53 040 000 + 3 250 000) ×7%

* 1 688 700 = (53 040 000 + 3 250 000) ×3%

借：应交税费——未交增值税 53 040 000

——应交营业税 3 250 000

——应交城市维护建设税 3 940 300

——应交教育费附加 1 688 700

——应交所得税 18 832 850

贷：银行存款 80 751 850

(19) 借：主营业务收入 400 000 000

其他业务收入 65 000 000

投资收益 1 290 400

贷：本年利润 465 790 400

公允价值变动损益 500 000

借：本年利润 379 514 000

贷：主营业务成本 280 000 000

其他业务成本 3 250 000

营业税金及附加 5 629 000

销售费用 19 950 000

管理费用 46 250 000

财务费用 24 380 000

资产减值损失 55 000

借：本年利润 21 431 475

贷：所得税费用 21 431 475

借：本年利润 64 844 925

贷：利润分配——未分配利润 64 844 925

2. 登记T形账：

现金

借方		贷方	
期初余额	55 000.00		
本期发生额	0	本期发生额	0
期末余额	55 000.00		

银行存款

借方		贷方	
期初余额	16 157 900.00		
④	114 000 000.00	①	7 866 475.00
⑥	468 000 000.00	②	9 360 000.00
⑧	4 790 400.00	⑨	20 000 000.00
⑪	50 000 000.00	⑪	50 000 000.00
⑯	20 000.00	⑪	180 000 000.00
		⑫	22 800 000.00
		⑬	130 000 000.00
		⑭	1 200 000.00
		⑱	80 751 850.00
本期发生额	636 810 400.00	本期发生额	501 978 325.00
期末余额	150 989 975.00		

其他货币资金

借方		贷方	
期初余额	320 000.00		
本期发生额	0	本期发生额	0
期末余额	320 000.00		

交易性金融资产

借方		贷方	
期初余额	4 500 000.00		
		⑧	4 500 000.00
本期发生额	0	本期发生额	4 500 000.00
期末余额	0		

应收账款

期初余额	89 900 000. 00		
⑦	65 000 000. 00	⑪	50 000 000. 00
⑯	20 000. 00	⑯	20 000. 00
本期发生额	65 020 000. 00	本期发生额	50 020 000. 00
期末余额	104 900 000. 00		

其他应收款

期初余额	580 000. 00		
本期发生额	0	本期发生额	0
期末余额	580 000. 00		

原材料

期初余额	54 000 000. 00		
②	80 000 000. 00	⑤	100 000 000. 00
本期发生额	80 000 000. 00	本期发生额	100 000 000. 00
期末余额	34 000 000. 00		

库存商品

期初余额	262 330 000. 00		
⑰	282 696 000. 00	⑥	280 000 000. 00
本期发生额	282 696 000. 00	本期发生额	280 000 000. 00
期末余额	265 026 000. 00		

生产成本

期初余额	39 370 000. 00		
⑤	109 000 000. 00	⑰	282 696 000. 00
⑨	12 000 000. 00		
⑩	106 400 000. 00		
⑮	50 000 000. 00		
⑰	36 600 000. 00		
本期发生额	314 000 000. 00	本期发生额	282 696 000. 00
期末余额	70 674 000. 00		

周转材料

期初余额	4 000 000.00		
②	8 000 000.00	⑤	9 000 000.00
本期发生额	8 000 000.00	本期发生额	9 000 000.00
期末余额	3 000 000.00		

持有至到期投资

期初余额	10 125 000.00		
⑭	500 000.00		
本期发生额	500 000.00	本期发生额	0
期末余额	10 625 000.00		

固定资产

期初余额	1 137 410 000.00		
④	7 020 000.00		
本期发生额	7 020 000.00	本期发生额	0
期末余额	1 144 430 000.00		

递延所得税资产

期初余额	125 000.00		
		⑱	111 250.00
本期发生额	0	本期发生额	111 250.00
期末余额	13 750.00		

坏账准备

		期初余额	449 500.00
		⑯	20 000.00
		⑯	55 000.00
本期发生额	0	本期发生额	75 000.00
		期末余额	524 500.00

累计折旧

		期初余额	242 000 000.00
		⑮	65 000 000.00
本期发生额	0	本期发生额	65 000 000.00
		期末余额	307 000 000.00

短期借款

		期初余额	150 000 000.00
本期发生额	0	本期发生额	0
		期末余额	150 000 000.00

应付账款

		期初余额	138 500 000.00
⑪	50 000 000.00	②	93 600 000.00
		④	7 020 000.00
本期发生额	50 000 000.00	本期发生额	100 620 000.00
		期末余额	189 120 000.00

应付职工薪酬

		期初余额	74 500 000.00
⑬	130 000 000.00	⑩	186 200 000.00
本期发生额	130 000 000.00	本期发生额	186 200 000.00
		期末余额	130 700 000.00

应交税费——应交增值税

		期初余额	0
②	13 600 000.00	⑥	68 000 000.00
②	1 360 000.00		
⑱	53 040 000.00		
本期发生额	68 000 000.00	本期发生额	68 000 000.00
		期末余额	0

应交税费

		期初余额	0
②	13 600 000.00	⑥	68 000 000.00
②	1 360 000.00	⑦	3 250 000.00
⑱	53 040 000.00	⑱	53 040 000.00
⑱	53 040 000.00	⑱	3 940 300.00
⑱	3 250 000.00	⑱	1 688 700.00
⑱	3 940 300.00	⑱	18 832 850.00
⑱	1 688 700.00		
⑱	18 832 850.00		
本期发生额	148 751 850.00	本期发生额	148 751 850.00
		期末余额	0

其他应付款

		期初余额	860 000.00
本期发生额	0	本期发生额	0
		期末余额	860 000.00

递延所得税负债

		期初余额	5 012 625.00
		⑱	2 487 375.00
本期发生额	0	本期发生额	2 487 375.00
		期末余额	7 500 000.00

长期借款

		期初余额	250 000 000.00
⑪	180 000 000.00		
本期发生额	180 000 000.00	本期发生额	0
		期末余额	70 000 000.00

应付债券

		期初余额	18 290 000.00
		⑭	380 000.00
本期发生额	0	本期发生额	380 000.00
		期末余额	18 670 000.00

应付利息

		期初余额	600 000.00
⑭	600 000.00	⑭	600 000.00
本期发生额	600 000.00	本期发生额	600 000.00
		期末余额	600 000.00

股本

		期初余额	100 000 000.00
		③	20 000 000.00
本期发生额	0	本期发生额	20 000 000.00
		期末余额	120 000 000.00

资本公积

		期初余额	250 000 000.00
		③	94 000 000.00
本期发生额	0	本期发生额	94 000 000.00
		期末余额	344 000 000.00

盈余公积

		期初余额	158 500 000.00
		①	3 933 237.50
本期发生额	0	本期发生额	3 933 237.50
		期末余额	162 433 237.50

利润分配——未分配利润

		期初余额	230 160 775.00
①	11 799 712.50	⑲	64 844 925.00
本期发生额	11 799 712.50	本期发生额	64 844 925.00
		期末余额	283 205 987.50

制造费用

⑨	3 000 000.00	⑰	36 600 000.00
⑩	26 600 000.00		
⑮	7 000 000.00		
本期发生额	36 600 000.00	本期发生额	36 600 000.00

主营业务收入

⑲	400 000 000.00	⑥	400 000 000.00
本期发生额	400 000 000.00	本期发生额	400 000 000.00

主营业务成本

⑥	280 000 000.00	⑲	280 000 000.00
本期发生额	280 000 000.00	本期发生额	280 000 000.00

其他业务收入

⑲	65 000 000.00	⑦	65 000 000.00
本期发生额	65 000 000.00	本期发生额	65 000 000.00

营业税金及附加

⑦	3 250 000.00		
⑱	5 629 000.00	⑲	5 629 000.00
本期发生额	8 879 000.00	本期发生额	5 629 000.00

销售费用

⑩	19 950 000.00	⑲	19 950 000.00
本期发生额	19 950 000.00	本期发生额	19 950 000.00

管理费用

⑨	5 000 000.00	⑲	46 250 000.00
⑩	33 250 000.00		
⑮	8 000 000.00		
本期发生额	46 250 000.00	本期发生额	46 250 000.00

财务费用

⑫	22 800 000.00	⑲	24 380 000.00
⑭	790 000.00		
⑭	790 000.00		
本期发生额	24 380 000.00	本期发生额	24 380 000.00

资产减值损失

⑯	55 000.00	⑲	55 000.00
本期发生额	55 000.00	本期发生额	55 000.00

投资收益

⑲	1 290 400.00		
⑧	500 000.00	⑭	500 000.00
本期发生额	1 790 400.00	本期发生额	500 000.00

公允价值变动损益

⑲	500 000.00	⑧	790 400.00
本期发生额	500 000.00	本期发生额	790 400.00

所得税费用

⑱	21 431 475.00	⑲	21 431 475.00
本期发生额	21 431 475.00	本期发生额	21 431 475.00

本年利润

⑲	379 514 000.00	⑲	465 790 400.00
⑲	21 431 475.00		
⑲	64 844 925.00		
本期发生额	465 790 400.00	本期发生额	465 790 400.00

3. 编制试算表：

试算表

编制单位：珠江公司　　　　2009年12月31日　　　　单位：元

项目	借方金额	贷方金额
现金	55 000.00	
银行存款	150 989 975.00	
其他货币资金	320 000.00	
交易性金融资产	0.00	
应收账款	104 900 000.00	
减：坏账准备		524 500.00
其他应收款	580 000.00	
原材料	34 000 000.00	
库存商品	265 026 000.00	
生产成本	70 674 000.00	
周转材料	3 000 000.00	
持有至到期投资	10 625 000.00	
长期股权投资	0.00	
固定资产	1 144 430 000.00	
减：累计折旧		307 000 000.00
工程物资	0.00	
在建工程	0.00	
递延所得税资产	13 750.00	
短期借款		150 000 000.00
应付账款		189 120 000.00
应付职工薪酬		130 700 000.00
应交税费		0.00

（续上表）

项目	借方金额	贷方金额
应付利息		600 000.00
其他应付款		860 000.00
长期借款		70 000 000.00
应付债券		18 670 000.00
递延所得税负债		7 500 000.00
股本		120 000 000.00
资本公积		344 000 000.00
盈余公积		162 433 237.50
未分配利润		283 205 987.50
合计	1 784 613 725.00	1 784 613 725.00

4. 编制资产负债表、利润表及现金流量表：

资产负债表

会企 01 表

编制单位：珠江公司　　2009 年 12 月 31 日　　单位：元

资产	年末余额	年初余额	负债及所有者权益	年末余额	年初余额
流动资产：			流动负债：		
货币资金	151 364 975.00	16 532 900.00	短期借款	150 000 000.00	150 000 000.00
交易性金融资产	0.00	4 500 000.00	应付票据	0.00	0.00
应收票据		0.00	应付账款	189 120 000.00	138 500 000.00
应收账款	104 900 000.00	89 900 000.00	应付职工薪酬	130 700 000.00	74 500 000.00
减：坏账准备	（524 500.00）	（449 500.00）	应交税费	0.00	0.00
其他应收款	580 000.00	580 000.00	应付利息	600 000.00	600 000.00
存货	372 700 000.00	359 700 000.00	其他应付款	860 000.00	860 000.00
其他流动资产	0.00	0.00	其他流动负债	0.00	0.00
			1 年内到期的非流动负债	0.00	180 000 000.00
流动资产合计	629 020 475.00	470 763 400.00	流动负债合计	471 280 000.00	544 460 000.00
非流动资产：			非流动负债：		
可供出售金融资产	0.00	0.00	长期借款	70 000 000.00	70 000 000.00
持有至到期投资	10 625 000.00	10 125 000.00	应付债券	18 670 000.00	18 290 000.00
长期股权投资	0.00	0.00	预计负债	0.00	0.00
固定资产	1 144 430 000.00	1 137 410 000.00	递延所得税负债	7 500 000.00	5 012 625.00

（续上表）

资产	年末余额	年初余额	负债及所有者权益	年末余额	年初余额
减：累计折旧	(307 000 000.00)	(242 000 000.00)	非流动负债合计	96 170 000.00	93 302 625.00
工程物资	0.00	0.00	负债合计	567 450 000.00	637 762 625.00
在建工程	0.00	0.00	所有者权益：		
无形资产	0.00	0.00	实收资本（股本）	120 000 000.00	100 000 000.00
长期待摊费用	0.00	0.00	资本公积	344 000 000.00	250 000 000.00
递延所得税资产	13 750.00	125 000.00	盈余公积	162 433 237.50	158 500 000.00
			未分配利润	283 205 987.50	230 160 775.00
非流动资产合计	848 068 750.00	905 660 000.00	所有者权益合计	909 639 225.00	738 660 775.00
资产总计	1 477 089 225.00	1 376 423 400.00	负债及所有者权益总计	1 477 089 225.00	1 376 423 400.00

利润表

会企02表

编制单位：珠江公司　　2009年度　　单位：元

项目	本期金额
一、营业收入	465 000 000.00
减：营业成本	280 000 000.00
营业税金及附加	8 879 000.00
销售费用	19 950 000.00
管理费用	46 250 000.00
财务费用	24 380 000.00
资产减值损失	55 000.00
加：公允价值变动收益	500 000.00
投资收益	290 400.00
其中：对联营企业和合营企业的投资收益	0.00
二、营业利润	86 276 400.00
加：营业外收入	0.00
减：营业外支出	0.00
其中：非流动资产处置损失	0.00
三、利润总额	86 276 400.00
减：所得税费用	21 431 475.00
四、净利润	64 844 925.00
五、每股收益	
基本每股收益（元/股）	0.540 4 *
稀释每股收益（元/股）	0.540 4

* 基本每股收益 = 64 844 925 ÷ 120 000 000 = 0.540 4（元/股）

现金流量表

会企 03 表

编制单位：珠江公司　　2009 年度　　单位：元

项目	本期金额
一、经营活动产生的现金流量：	
销售商品、提供劳务收到的现金	518 020 000.00
收到的税费返还	0.00
收到其他与经营活动有关的现金	
经营活动现金流入小计	518 020 000.00
购买商品、接受劳务支付的现金	74 360 000.00
支付给职工以及为职工支付的现金	120 000 000.00
支付的各项税费	80 751 850.00
支付其他与经营活动有关的现金	5 000 000.00
经营活动现金流出小计	280 111 850.00
经营活动产生的现金流量净额	237 908 150.00
二、投资活动产生的现金流量：	
收回投资收到的现金	4 500 000.00
取得投资收益收到的现金	290 400.00
处置固定资产、无形资产和其他长期资产收到的现金净额	
处置子公司及其他营业单位收到的现金净额	
收到其他与投资活动有关的现金	
投资活动现金流入小计	4 790 400.00
购建固定资产、无形资产和其他长期资产支付的现金	10 000 000.00
投资支付的现金	
取得子公司及其他营业单位支付的现金净额	
支付其他与投资活动有关的现金	
投资活动现金流出小计	10 000 000.00
投资活动产生的现金流量净额	(5 209 600.00)
三、筹资活动产生的现金流量：	
吸收投资收到的现金	114 000 000.00
取得借款收到的现金	
收到其他与筹资活动有关的现金	
筹资活动现金流入小计	114 000 000.00
偿还债务支付的现金	180 000 000.00

（续上表）

项目	本期金额
分配股利、利润或偿付利息支付的现金	31 866 475.00
支付其他与筹资活动有关的现金	
筹资活动现金流出小计	211 866 475.00
筹资活动产生的现金流量净额	（97 866 475.00）
四、汇率变动对现金及现金等价物的影响	0.00
五、现金及现金等价物净增加额	134 832 075.00
加：期初现金及现金等价物余额	16 532 900.00
六、期末现金及现金等价物余额	151 364 975.00

上述现金流量表编制说明如下：

（1）销售商品、提供劳务收到的现金为本期销售商品（业务6）、收回应收款（业务11）和收回以前确认的坏账（业务16）收到的现金。

（2）购买商品、接受劳务支付的现金包括购买周转材料（业务2）、生产与生产管理部门使用水电等（业务9）、归还应付款（业务11）所支付的现金。

（3）支付给职工以及为职工支付的现金是指偿付工资（业务10）所支付的现金（不包括支付给工程人员的工资）。

（4）支付的各项税费为本期支付的所得税、增值税、营业税、教育费附加和城市维护建设税（业务18）。

（5）支付其他与经营活动有关的现金指管理部门使用水电（业务9）支付的现金。

（6）收回投资收到的现金是交易性股票出售的账面价值取得的现金（业务8）。

（7）取得投资收益收到的现金是指交易性股票出售的差价（业务8）。

（8）购建固定资产、无形资产和其他长期资产支付的现金指支付上期工程人员工资款（业务10）。

（9）吸收投资收到的现金是指发行股票收到的款项净额（业务3）。

（10）偿还债务支付的现金是指本期归还的长期借款（业务11）。

（11）分配股利、利润或偿付利息支付的现金是支付上年的股利（业务1）和借款利息（业务12、14）。

案例分析

略

第十二章

思考题

一、多选题

1. ABD　　2. ABC　　3. ABCD　　4. ABC

二、判断题

1. ×　　2. √　　3. √　　4. √　　5. ×　　6. √　　7. ×　　8. ×　　9. ×　　10. ×

三、简答题

略

案例分析

略

第十三章

思考题

一、多选题

1. BC　2. ACD　3. ACD　4. ABCD　5. ACD

二、单选题

1. B　　2. C　　3. A　　4. A　　5. D　　6. C

三、判断题

1. √

2. ×

防止错误和舞弊的发生是被审计单位管理层的责任，审计的作用是提高企业财务信息的可信赖程度。

3. √

4. ×

保证财务报表的可靠性是被审计单位管理层的责任，审计人员不是财务报表的保证人。

5. ×

制度基础审计方法是以内部控制测试为基础的抽样审计，但并不是在每个取证环节都用抽样审计，某些环节仍需采用详细审计。

6. ×

制度基础审计以内部控制测试形成的结论为依据，确定重点审计范围，而不是直接把内部控制作为审计的重点。

7. √

8. ×

在内部控制框架中，控制环境是其他要素的基础。

9. ×

由于内部控制自身的局限性，它只能提供合理保证，而非绝对保证。

10. ×

内部控制是为实现企业目标提供合理保证，不存在为控制而实施的控制，所以内部控制本身并非企业应该实现的一个目标。

四、简答题

略

练习题

一、

财务报表项目	认定
存货	计价和分摊、完整性
应收账款	存在、计价和分摊
营业收入	发生、准确性
营业成本	准确性、完整性

二、

分析结果：存在重大错报风险。

分析过程：

（1）2007 年度已审数中 A 产品的毛利率 =（40 000 - 34 000）/40 000 × 100% = 15%；但是 2008 年度未审数中 A 产品的毛利率 =（50 000 - 40 000）/50 000 × 100% = 20%；但是根据上一题资料 2 显示“替代产品面市使 A 产品的市场需求减少，市场竞争激烈，导致销售价格明显下跌”，所以很可能存在虚增收入的情况。

（2）因为市场竞争激烈，A 产品的市场需求减少，但是 A 产品 2008 年度收发存记录显示该产品年末余额为 0，很可能该存货被低估。

（3）从“与销售 A 产品相关的应收账款变动记录”中可以看出 2008 年 12 月 9 日赊销产生的应收账款在 2009 年 1 月 31 日都没有收回，但是“产品销售采用赊销方式，正常信用期为 20 天”，所以应收账款很可能存在坏账计提不足或虚构收入等重大错报风险。

（4）因为汇率因素导致 a 原材料采购成本大幅上涨，将会导致 A 产品的成本上升，但是 A 产品 2008 年的入库单价却下降，表明存货成本很可能存在重大错报风险。

（5）因为 T 公司无明显产销淡旺季，但 A 产品在 12 月份却有大量的出库，表明很可能存在虚构销售的重大错报风险。

三、

1. 如果T公司存在财务报表层次重大错报风险，审计人员应该实施的总体应对措施：

（1）向项目组强调在收集和评价审计证据过程中保持职业怀疑态度的必要性。

（2）分派更有经验或具有特殊技能的审计人员，或利用专家的工作。

（3）提供更多的督导。

（4）在选择进一步审计程序时，应当注意使某些程序不被管理层预见或事先了解。

（5）对拟实施审计程序的性质、时间和范围作出总体修改。

2. 如果评估的T公司财务报表层次重大错报风险属于高风险水平，则S审计人员拟实施进一步审计程序的总体方案通常更倾向于实质性方案。

四、

计算确定T公司2008年度会计报表层次的重要性水平：

判断基础	金额（万元）	固定百分比数值	乘积（万元）	财务报表层次的重要性水平
资产总额	90 000	0.5%	450	
净资产	44 000	1%	440	440万元
主营业务收入	120 000	0.5%	600	
净利润	12 060	5%	603	

理由简要说明如下：在固定比率法下，如果不同判断基础金额与各相应的固定百分比数值相乘后的乘积大小不一，应选取乘积最小者作为财务报表层次的重要性水平。这主要基于谨慎性原则考虑，重要性水平与审计证据之间成反比关系，重要性水平越低，意味着应搜集、获取越多的审计证据，以降低审计风险。

五、

1. 购货发票比收料单可靠。

理由：购货发票来自于公司以外的机构或人员；而收料单是公司自行编制的。

2. 销货发票副本比产品出库单可靠。

理由：销货发票是在外部流转的，并获得公司以外的机构或个人的承认；而产品出库单只在公司内部流转。

3. 领料单比材料成本计算表可靠。

理由：领料单预先被连续编号，并且经过公司不同部门人员的审核；而材料成本计算表只在会计部门内部流转。

4. 工资发放单比工资计算单可靠。

理由：工资发放单需经会计部门以外的工资领取人签字确认；而工资计算单只在会计部门内部流转。

5. 存货监盘记录比存货盘点表可靠。

理由：存货监盘记录是审计人员自行编制的；而存货盘点表是公司提供的。

6. 银行询证函回函比银行对账单可靠。

理由：银行询证函回函是审计人员直接获取的，未经公司有关职员之手；而银行对账单经过公司有关职员之手，存在伪造、涂改的可能性。

六、

意见类型：无法表示意见。

理由：审计范围受到重大限制，重大资产无法审查。

七、

三位员工分工如下：

总账会计：(1)、(5)

明细账会计：(2)

出纳：(3)、(4)、(6)

案例分析

略